Hartz IV und Arbeitslosengeld II

Das sind Ihre Rechte

Michael Baczko

Haufe

Bibliografische Information der Deutschen Bibliothek
Die Deutsche Bibliothek verzeichnet diese Publikation in der Deutschen Nationalbibliografie; detaillierte bibliografische Daten sind im Internet über http://dnb.ddb.de abrufbar.

ISBN 3-448-06528-5
Bestell-Nr. 08537-0001

© 2004, Rudolf Haufe Verlag GmbH & Co. KG, Niederlassung Planegg bei München
Stand: Oktober 2004
Postanschrift: Postfach, 82142 Planegg
Hausanschrift: Fraunhoferstraße 5, 82152 Planegg
Fon: (0 89) 8 95 17-0, Fax: (0 89) 8 95 17-2 50
E-Mail: online@haufe.de
Internet www.haufe.de
Lektorat und DTP: Text+Design Jutta Cram
Redaktion: Sylvia Rein

Alle Rechte, auch die des auszugsweisen Nachdrucks, der fotomechanischen Wiedergabe (einschließlich Mikrokopie) sowie der Auswertung durch Datenbanken oder ähnliche Einrichtungen vorbehalten.

Umschlaggestaltung: Simone Kienle, par:two büro für visuelles, 70182 Stuttgart
Umschlagentwurf: Agentur Buttgereit & Heidenreich, 45721 Haltern am See
Druck: freiburger graphische betriebe, 79108 Freiburg

Zur Herstellung der Bücher wird nur alterungsbeständiges Papier verwendet.

TaschenGuides – alles, was Sie wissen müssen

Für alle, die wenig Zeit haben und erfahren wollen, worauf es ankommt. Für Einsteiger und für Profis, die ihre Kenntnisse rasch auffrischen wollen:

- Sie sparen Zeit und können das Wissen effizient umsetzen.
- Kompetente Autoren erklären jedes Thema aktuell, leicht verständlich und praxisnah.
- In der Gliederung finden Sie die wichtigsten Fragen und Probleme aus der Praxis.
- Das übersichtliche Layout ermöglicht es Ihnen, sich rasch zu orientieren.
- Schritt für Schritt-Anleitungen, Checklisten, Beispiele und hilfreiche Tipps bieten Ihnen das nötige Werkzeug für Ihre Arbeit.
- Als Schnelleinstieg in ein Thema ist der TaschenGuide die geeignete Arbeitsbasis für Gruppen in Organisationen und Betrieben.

Ihre Meinung interessiert uns. Mailen Sie einfach an die TaschenGuide-Redaktion unter online@haufe.de. Wir freuen uns auf Ihre Anregungen.

Inhalt

- 6 **Vorwort**

- 7 **Grundsätzliche Fragen zum Arbeitslosengeld II**
- 8 Wer erhält die Grundsicherung für Arbeitsuchende?
- 19 Auf welche Leistungen habe ich Anspruch?
- 24 Welche Pflichten habe ich als Arbeitsuchender?
- 36 Wann sollte ich den Antrag stellen?
- 39 Wie errechnet sich mein Bedarf?
- 66 Muss ich mein Vermögen verwerten?
- 81 Wann muss ich Zahlungen zurückerstatten?

So füllen Sie Ihren Antrag aus	83
Das sollten Sie im Vorfeld beachten	84
Hauptantrag und Zusatzblätter	85
Weitere Anträge und Rechtsmittel	115
Sonstige Anträge im Zusammenhang mit Arbeitslosengeld II	116
So wehren Sie sich, wenn Ihr Antrag abgelehnt wird	107
Stichwortverzeichnis	125

Vorwort

Falls Sie zu den so genannten Langzeitarbeitslosen gehören, kommen auf Sie zum 1. Januar 2005 zahlreiche Änderungen zu – bekannt unter den Stichworten Hartz IV und Arbeitslosengeld II.

Für Sie bedeutet dies nicht nur eine Verunsicherung bezüglich der Leistungen, die Sie in Zukunft erhalten werden, sondern auch eine Verunsicherung im Hinblick darauf, was genau Sie alles tun müssen und vor allem, wie Sie mit dem umfangreichen Antragsformular richtig umgehen.

Dieser Taschenguide gibt Ihnen Antworten auf die wichtigsten Fragen. Trotz noch immer unsicherer Rechtslage ist es gelungen, Ihnen aufgrund zahlreicher fruchtbarer Diskussionen mit Mitarbeitern der Verbrauerzentrale und der Bundesagentur für Arbeit – denen ich an dieser Stelle meinen herzlichen Dank aussprechen möchte – ein Werk an die Hand zu geben, das Ihnen aus dem Antrags- und Unsicherheitsdschungel heraushilft.

Sie erfahren, wann und in welcher Form Sie den Antrag auf Arbeitslosengeld II stellen müssen, mit welchen Leistungen Sie rechnen dürfen und welche Bedingungen Sie für diese Leistungen erfüllen müssen. Sie bekommen eine ausführliche Anleitung bezüglich aller heiklen Punkte im Antragsformular und Hinweise, was Sie z. B. bei einer Ablehnung tun können.

Michael Baczko

Grundsätzliche Fragen zum Arbeitslosengeld II

Schon bevor Sie den Antrag auf Arbeitslosengeld II ausfüllen, stellen sich Ihnen jede Menge Fragen: Bin ich überhaupt anspruchsberechtigt? Wie viel Geld bekomme ich? Was für Auswirkungen hat das Arbeitslosengeld II für mich? Was muss ich nun alles tun? Antworten auf diese und weitere Fragen finden Sie auf den folgenden Seiten.

Wer erhält die Grundsicherung für Arbeitsuchende?

Für Personen zwischen 18 und 65 Jahren (teilweise schon ab 15), die noch mindestens drei Stunden am Tag arbeiten können und über kein ausreichendes Einkommen oder Vermögen verfügen, durch das sie ihren Lebensunterhalt bestreiten können, wurde ein einheitlich neues Gesetz geschaffen, das SGB II – Grundsicherung für Arbeitsuchende (SGB steht für Sozialgesetzbuch). Ehemalige erwerbsfähige Sozialhilfeempfänger und Arbeitslosenhilfeempfänger erhalten ab 1.1.2005 die gleichen Leistungen. Somit werden ab diesem Zeitpunkt alle erwerbsfähigen Arbeitslosen gleich behandelt. Wie das Gesetz dann tatsächlich umgesetzt wird, ist zum jetzigen Zeitpunkt (Oktober 2004) noch offen, die Rechtsprechung bleibt abzuwarten.

Im Gegensatz zum Arbeitslosengeld, das durch die Versicherungsbeiträge finanziert wird, war Arbeitslosenhilfe schon immer eine Fürsorgeleistung, die wie die Sozialhilfe allein durch Steuern finanziert wurde. Auch das Arbeitslosengeld II wird durch Steuern finanziert und nicht durch Beiträge zur Arbeitslosenversicherung. Im Gegensatz zur normalen Sozialhilfe war Berechnungsgrundlage für die Höhe der Arbeitslosenhilfe das letzte Einkommen. Dies war eigentlich systemwidrig, da die Arbeitslosenhilfe ja wie gesagt nicht durch Versicherungsbeiträge finanziert wurde. Nunmehr wurden Arbeitslosenhilfe und Sozialhilfe in einem Gesetz zusammengeführt und das Bundessozialhilfegesetz wurde entsprechend geändert bzw. aufgehoben und in ein neues Gesetz, das SGB XII – Sozialhilfe, übergeführt.

Die Grundsicherung für Arbeitsuchende besteht nicht nur aus Zahlung von Geld und der Übernahme von Unterkunfts- und Heizkosten, sondern aus einer Vielzahl sonstiger Leistungen.

Begriffsklärung

Zum besseren Verständnis muss man zwei Begriffe unterscheiden:

- Grundsicherung für Arbeitsuchende
- Arbeitslosengeld II

Der Begriff „Grundsicherung für Arbeitsuchende" ist der Oberbegriff für alle Leistungen des neuen SGB II. Die Grundsicherung für Arbeitsuchende umfasst Leistungen

– zur Beendigung oder Verringerung der Hilfebedürftigkeit, insbesondere durch Eingliederung in Arbeit, und
– zur Sicherung des Lebensunterhalts.

Unter dem Arbeitslosengeld II versteht man im Rahmen der Grundsicherung für Arbeitsuchende

1 Leistungen zur Sicherung des Lebensunterhalts einschließlich der angemessenen Kosten für Unterkunft und Heizung sowie
2 einen auf maximal zwei Jahre befristeten Zuschlag im Anschluss an den Bezug von Arbeitslosengeld.

Grundsicherung im Alter und bei dauerhafter voller Erwerbsminderung

Mit Schaffung des SGB II wurde auch das Bundessozialhilfegesetz geändert. Während bis zum 31.12.2004 das Bundessozialhilfegesetz nicht unterschied, ob jemand noch erwerbsfähig ist (noch mindestens drei Stunden täglich arbeiten kann), werden ab 1.1.2005 Ansprüche von erwerbsfähigen Bedürftigen einheitlich im SGB II geregelt, während im SGB XII – Sozialhilfegesetz Ansprüche von nicht erwerbsfähigen Bedürftigen geregelt werden.

Was bedeutet „Bedürftigkeit"?

Unter Bedürftigen versteht man allgemein solche Personen, die sich weder aus eigenem Einkommen oder Vermögen selbst unterhalten können noch von anderen Personen unterhalten werden, also diejenigen, die auf die Hilfe des Staates angewiesen sind.

Wer aber genau bedürftig ist, ergibt sich erst aus den Vorschriften des SGB XII und des SGB II über Anrechnung von Einkommen und Vermögen sowie über den Grundbedarf, auf den jeder Anspruch hat. Kurz gesagt, jeder hat Anspruch auf einen bestimmten Bedarf (Regelleistung = Zahlbetrag) für sich und seine Angehörigen, dazu kommen die Kosten für Unterkunft und Heizung sowie ein eventueller Mehrbedarf. Ist dieser Bedarf aufgrund der Anrechnung von Einkommen oder Vermögen gedeckt, besteht kein Anspruch auf Sozialhilfe oder Grundsicherung für Arbeitsuchende. Ist dieser Bedarf nicht gedeckt, ist man bedürftig.

Anspruch auf Grundsicherung bei dauerhafter voller Erwerbsminderung haben Sie, wenn Sie

- zwischen 18 und 65 Jahre alt und auf Dauer voll erwerbsgemindert sind, d. h. voraussichtlich auf Dauer täglich weniger als drei Stunden arbeiten können, und
- Ihr Einkommen und Vermögen nicht ausreichen, um Ihren eigenen Bedarf zu decken.

Wann habe ich Anspruch auf Grundsicherung im Alter?

Anspruch auf Grundsicherung im Alter haben Sie, wenn Sie

- älter sind als 65 Jahre und
- Ihr Einkommen und Vermögen nicht ausreichen, um Ihren eigenen Bedarf zu decken.

Wenn Sie mit einem Arbeitslosengeld-II-Empfänger in einer Bedarfsgemeinschaft leben, haben Sie zwar Anspruch auf Sozialgeld, müssen jedoch zunächst den Anspruch auf Grundsicherung bei dauerhafter Erwerbsminderung geltend machen. Sozialgeld erhalten Sie oder Ihre Angehörigen nur, soweit das Sozialgeld nicht durch die Leistungen der Grundsicherung bei dauerhafter Erwerbsminderung oder im Alter abgedeckt ist.

Eingegliedert wurde in das ab 1.1.2005 geltende SGB XII – Sozialhilfe das Gesetz über die bedarfsorientierte Grundsicherung bei dauerhafter voller Erwerbsminderung und im Alter.

- Anspruch auf Leistungen nach dem Grundsicherungsgesetz über eine bedarfsorientierte Grundsicherung im Alter haben hilfebedürftige Personen über 65 Jahre.
- Anspruch auf Leistungen bei dauerhafter voller Erwerbsminderung haben hilfebedürftige Personen zwischen 18 und 65 Jahren, die auf Dauer voll erwerbsgemindert sind. Das sind diejenigen, die voraussichtlich auf Dauer nur noch unter drei Stunden täglich arbeiten können.

In erster Linie sind dies entweder solche Personen,

- die keinen Anspruch auf Rente aus der gesetzlichen, berufsständischen oder privaten Rentenversicherung haben, da sie keine oder nicht genügend Beiträge oder noch nicht lange genug gezahlt haben, oder solche,
- die nur eine sehr niedrige Rente erhalten, die unter dem Sozialhilfebedarf liegt.

Andere nicht erwerbsfähige Personen, die nicht auf Dauer voll erwerbsgemindert sind, haben Anspruch auf Sozialhilfe, wenn sie bedürftig sind.

Welche Bedingungen muss ich erfüllen?

Anspruch auf Grundsicherung für Arbeitsuchende nach dem SGB II haben Sie, wenn Sie

- mindestens 15 Jahre alt sind und das 65. Lebensjahr noch nicht vollendet haben,
- erwerbsfähig sind,

- hilfebedürftig sind (d. h. weder von anderen Personen unterhalten werden noch über ausreichend Einkommen oder Vermögen, welches angerechnet wird, verfügen, um sich selbst unterhalten zu können) und
- Ihren gewöhnlichen Aufenthalt in der BRD haben.

Bis zum 31.12.2005 haben Sie bei Bedürftigkeit auch dann Anspruch auf Arbeitslosengeld II, wenn Sie zwar nicht arbeitsbereit sind und nicht alles unternehmen, um Arbeit zu suchen und zu finden, jedoch das 58. Lebensjahr bereits vollendet haben. Ab dem 1.1.2006 gilt dies nur noch dann, wenn Sie vor diesem Datum das 58. Lebensjahr vollendet haben, sofern Ihr Anspruch auf Leistungen des Arbeitslosengeldes ebenfalls vor dem 1.1.2006 entstanden ist.

Nicht geklärt ist im Augenblick, wie es sich verhält, wenn die Erklärung über die eingeschränkte Verfügbarkeit bereits jetzt (bis zum 31.12.2005) während des Bezugs von Arbeitslosengeld unterschrieben wird, der Arbeitslosengeldbezug aber erst nach dem Jahr 2005 endet. Hier ist noch eine Abstimmung mit dem Bundesministerium für Wirtschaft und Arbeit erforderlich. Die Betroffenen müssten eigentlich in diese „Vertrauensschutzregelung" mit einbezogen werden.

Ein Vertrauensschutz besteht jedoch nicht dahin gehend, dass mit Unterzeichnung der Vereinbarung die Höhe des Bezugs – hier der Arbeitslosenhilfe – garantiert wurde. Dies war zu keinem Zeitpunkt Gegenstand der Vereinbarung, sondern nur, dass Sie sich nicht mehr der Arbeitsvermittlung zur

Verfügung stellen müssen. Sollten Sie hiervon betroffen sein, lesen Sie bitte die Vereinbarung.

Andererseits werden ernst zu nehmende Argumente ins Feld geführt, wonach zumindest auch für bisherige Arbeitslosenhilfeempfänger vergleichbare Vertrauensschutzregelungen wie bei Arbeitslosengeldempfängern gelten müssten. Insofern sei darauf hingewiesen, dass die Verkürzung der Bezugsdauer für Arbeitslosengeldempfänger aufgrund der Vertrauensschutzregelung erst mit dem 1.2.2006 in Kraft tritt, wenn der Anspruch vor dem 1.1.2006 erworben wurde, während Arbeitslosenhilfeempfänger, deren neuer Anspruch (Arbeitslosenhilfe wurde immer für ein Jahr bewilligt) im Jahr 2004 neu entstanden ist, nunmehr die Arbeitslosenhilfe nur noch bis zum 31.12.2004 und danach das eventuell geringere Arbeitslosengeld II erhalten. Aufgrund der Rechtsunklarheit sollten Sie, wenn Sie hiervon betroffen sind, vorsichtshalber gegen einen entsprechenden Becheid (verkürzter Arbeitslosenhilfebezug) bis zur Klärung dieser Rechtsfrage zur Fristwahrung Widerspruch einlegen bzw. Antrag auf Überprüfung des Arbeitslosenhilfebescheids stellen, wenn die Widerspruchsfrist abgelaufen ist.

Wann habe ich keinen Anspruch auf Grundsicherung für Arbeitsuchende?

Keinen Anspruch auf Grundsicherung für Arbeitsuchende haben Sie, wenn Sie

- nicht arbeitswillig sind und zumutbare Arbeit (s. S. 27) oder Maßnahmen zur Eingliederung in den allgemeinen Arbeitsmarkt ablehnen;
- das 65. Lebensjahr bereits vollendet haben;
- als Auszubildender Anspruch auf Förderung über Berufsausbildungsbeihilfe oder nach dem BAFöG haben (in besonderen Ausnahmefällen kann hier Arbeitslosengeld II als Darlehen gewährt werden);
- bereits länger als sechs Monate eine Rente wegen Alters beziehen;
- voll erwerbsgemindert sind, und zwar unabhängig von der Dauer der Erwerbsminderung;
- als erwerbsfähiger Hilfebedürftiger für länger als sechs Monate stationär z. B. in einer psychiatrischen Klinik oder in einem Pflegeheim untergebracht sind (nicht darunter fallen Aufenthalte in einem Krankenhaus).

Als Ausländer mit gewöhnlichem Aufenthalt in der Bundesrepublik Deutschland sind Sie trotz Vorliegens aller anderen Voraussetzungen dann nicht anspruchsberechtigt, wenn

- Sie Leistungen nach dem Asylbewerberleistungsgesetz erhalten (Asylbewerber, ausreisepflichtige Ausländer, Ausländer mit einem geduldeten Aufenthalt);

- Ihnen der Zugang zum Arbeitsmarkt nach dem Ausländerrecht verwehrt ist.

Wer hat Anspruch auf Sozialgeld?

Anspruch auf Sozialgeld haben

- bedürftige, nicht erwerbsfähige Angehörige, die mit einem erwerbsfähigen Hilfebedürftigen in Bedarfsgemeinschaft leben (s. S. 85), bzw.
- Personen, die mit einem erwerbsfähigen Bedürftigen in einer Bedarfsgemeinschaft leben und keinen Anspruch auf Leistungen nach dem Grundsicherungsgesetz über eine bedarfsorientierte Grundsicherung im Alter und bei dauerhafter voller Erwerbsminderung haben.

Zu den Anspruchsberechtigten gehören

- nicht erwerbsfähige Partner,
- Kinder des Erwerbsfähigen oder seines Partners bis zum 15. Lebensjahr,
- Kinder des Erwerbsfähigen oder seines Partners ab dem 15. Lebensjahr,
  - die eine Schule besuchen und keinen Anspruch auf BAFöG haben oder
  - in einer Berufsausbildung sind und keinen Anspruch auf BAFöG oder Berufsausbildungsbeihilfe haben.

Wer erhält die Grundsicherung für Arbeitsuchende?

> ■ Kinder von Erwerbsfähigen oder Kinder des Partners ab dem 15. Lebensjahr, die keine Schule besuchen oder keine Berufsausbildung machen oder an berufsvorbereitenden Maßnahmen teilnehmen, haben keinen Anspruch auf Sozialgeld, sondern auf Arbeitslosengeld II. ■

Diejenigen, die nur noch unter drei Stunden arbeiten können, erhalten, wenn sie nicht auf Dauer voll erwerbsgemindert sind, Sozialhilfe nach dem neuen SGB XII. Leben diese Personen jedoch mit erwerbsfähigen Personen, die Anspruch auf Arbeitslosengeld II haben, in einer Bedarfsgemeinschaft (s. S. 85) zusammen, erhalten sie nach dem SGB II Sozialgeld. Weitere Voraussetzung für die Zahlung von Sozialgeld ist, dass diese Personen keinen Anspruch auf Grundsicherung im Alter oder auf Grundsicherung bei dauerhafter Erwerbsminderung nach dem SGB XII (Sozialhilfe) haben (s. o.). Erwerbsfähige Hilfebedürftige in der Bedarfsgemeinschaft sind Vater, Mutter und Kinder über 15, aber unter 18 Jahren, sowie Ehegatten oder Partner aus einer eheähnlichen Lebensgemeinschaft, soweit diese noch mindestens drei Stunden täglich arbeiten können.

Hier zwei Beispiele zur Verdeutlichung:

- Ein Ehepaar. Sie kann noch mehr als drei Stunden arbeiten. Er erhält eine Zeitrente wegen voller Erwerbsminderungsrente, die unter dem Regelsatz zuzüglich anteiliger Unterkunfts- und Heizkosten liegt.
- Ein Ehepaar. Sie kann mehr als drei Stunden arbeiten. Nach amtsärztlicher Feststellung kann er derzeit nur noch unter drei Stunden arbeiten, es ist jedoch wahrscheinlich, dass sich sein Gesundheitszustand bessert. Da er nicht

ausreichend Beiträge in die Rentenversicherung gezahlt hat, erhält er keine Rente. Da er nicht auf Dauer voll erwerbsgemindert ist, hat er keinen Anspruch auf Grundsicherung, sondern allenfalls auf Sozialhilfe.

Auf Dauer voll Erwerbsgeminderte oder über 65-Jährige, die über kein ausreichendes Einkommen und Vermögen verfügen, erhalten ggf. Grundsicherung, wenn ihr Mindestbedarf nicht durch anderweitiges Einkommen gedeckt ist (s. o.). Da die Leistungen der Grundsicherung für voll Erwerbsgeminderte oder im Alter den Leistungen der Grundsicherung für Arbeitsuchende entsprechen, hat man davon abgesehen, diesen Personen Anspruch auf Sozialgeld zu geben.

Beispiel:
Ehepaar, beide über 18, aber unter 65. Er kann noch über drei Stunden arbeiten. Sie war immer Hausfrau und ist nach Feststellung des Gesundheitsamtes auf Dauer voll erwerbsgemindert. Er hat Anspruch auf Arbeitslosengeld II, sie auf Grundsicherung wegen voller Erwerbsminderung auf Dauer.

Welche Unterschiede bestehen zwischen den verschiedenen Leistungen?

Die Grundleistungen der Sozialhilfe, des Sozialgeldes und der Grundsicherung für Arbeitsuchende bei dauerhafter voller Erwerbsminderung und im Alter sind gleich (Regelsätze, Kosten für Unterkunft, Mehrbedarfe), sodass es keinen Unterschied macht, ob jemand Sozialgeld anstelle von Sozialhilfe oder Grundsicherung im Alter oder bei dauerhafter Erwerbsminderung erhält.

Da die Leistungen der Grundsicherung im Alter oder bei dauerhafter Erwerbsminderung den Leistungen des Arbeitslosengeldes II entsprechen, werden im Ergebnis diese Leistungen nicht auf das Arbeitslosengeld II angerechnet.

Es versteht sich aber von selbst, dass, wenn nicht erwerbsfähige Personen über genügend Einkommen und Vermögen verfügen, welches auf das Sozialgeld angerechnet wird (z. B. Rente) und das Ihren Bedarf deckt, keinen Anspruch auf Sozialgeld haben.

Auf welche Leistungen habe ich Anspruch?

Als Arbeitsuchender haben Sie nach dem SGB II auf folgende Leistungen Anspruch:

- Dienstleistungen, insbesondere Informationen, Beratung und umfassende Unterstützung durch einen persönlichen Ansprechpartner (sog. Fallmanager), wobei das Ziel Ihre Eingliederung in Arbeit ist;
- Geldleistungen, insbesondere um Ihre Eingliederung in Arbeit zu erreichen, sowie zur Sicherung Ihres Lebensunterhalts und der mit Ihnen in einer Bedarfsgemeinschaft lebenden Personen (Arbeitslosengeld II, Sozialgeld, Kosten für Unterkunft und Heizung);
- Sachleistungen.

Insbesondere können Sie folgende Leistungen in Anspruch nehmen:

- Vermittlung und Beratung,
- Fallmanagement (Für jeden Arbeitslosengeld-II-Empfänger ist ein persönlicher Ansprechpartner, der so genannte Fallmanager, zuständig. Dessen Aufgabe ist insbesondere die Information, Beratung und Unterstützung des Arbeitsuchenden mit dem Ziel, diesen wieder in das Arbeitsleben einzugliedern.),
- Erstattung von Bewerbungs- und Reisekosten im Zusammenhang mit Vorstellungsgesprächen,
- Teilnahme an Trainingsmaßnahmen,
- Mobilitätshilfen,
- Förderung Ihrer beruflichen Weiterbildung,
- Förderung Ihrer Teilhabe am Arbeitsleben, wenn Sie behindert sind,
- Eingliederungszuschüsse,
- Arbeitsbeschaffungsmaßnahmen,
- Arbeitsgelegenheiten,
- Beschäftigung schaffende Infrastrukturmaßnahmen,
- Vermittlungsgutscheine.

Darüber hinaus können Sie weitere Leistungen, auf die kein Rechtsanspruch besteht, erhalten, wenn sie zu Ihrer Eingliederung in das Erwerbsleben erforderlich sind. Dazu gehören insbesondere

- die Betreuung minderjähriger oder behinderter Kinder,
- die häusliche Pflege von Angehörigen,
- die Schuldner- und Suchtberatung,
- die psychosoziale Betreuung,
- das Einstiegsgeld und Leistungen nach dem Altersteilzeitgesetz.

Bei einigen Leistungen zur Förderung der Teilhabe behinderter Menschen am Arbeitsleben besteht ggf. bei Vorliegen entsprechender Voraussetzungen ein Rechtsanspruch.

Welche Geldleistungen erhalte ich?

Wie bereits ausgeführt, wird ein so genannter Grundbedarf ermittelt (nicht zu verwechseln mit dem Grundbetrag = Regelleistung), der Ihnen und Ihrer Familie als Existenzsicherung auf jeden Fall zur Verfügung stehen muss.

Im Gegensatz zur bisherigen Arbeitslosenhilfe, die sich nach dem letzten Verdienst berechnete, errechnet sich das Arbeitslosengeld II so, dass zunächst je nach den persönlichen Verhältnissen ein Grundbedarf ermittelt wird.

Sie erhalten als Arbeitslosengeld II

- einen Grundbetrag, die sog. monatliche Regelleistung,
- die angemessenen Kosten für Unterkunft und Heizung,
- in der Übergangsphase vom Arbeitslosengeld zum Arbeitslosengeld II außerdem einen auf zwei Jahre befristeten Zuschlag sowie

- eventuell einen Mehrbedarf für Alleinerziehende oder für eine kostenaufwändige Ernährung bei bestimmten Krankheiten.

Auf diesen Grundbedarf werden sämtliche Einnahmen und Vermögen unter Berücksichtigung von Freibeträgen angerechnet. Der verbleibende Unterschiedsbetrag wird ausgezahlt.

Freibeträge (s. S. 62) und geschütztes Vermögen (s. S. 68) sind beim Arbeitslosengeld II gegenüber der Sozialhilfe erweitert worden. Machen Kommunen von der Möglichkeit Gebrauch, die Verwaltung des Arbeitslosengeldes II selbst zu übernehmen, kann es vorkommen, dass sie anders als die Arbeitsagenturen rechnen. Die Mitarbeiter der Sozialämter kennen natürlich das Sozialhilferecht, während die Mitarbeiter der Bundesagentur darin erst geschult werden müssen. Das hauptsächliche Problem besteht jedoch darin, dass das Gesetz in vielen Bestimmungen sehr unklar ist und erst durch entsprechende Verwaltungsanweisungen (bei der Bundesagentur für Arbeit sind dies die so genannten Durchführungsanordnungen bzw. derzeit Hinweise) den Mitarbeitern vorgeschrieben wird, wie das Gesetz anzuwenden ist. Die Richtlinien der Bundesagentur für Arbeit gelten jedoch nicht für die Kommunen, die selbst die Verwaltung des Arbeitslosengeldes II in die Hand nehmen.

In der Übergangsphase (Januar 2005) sind vier Gruppen von möglichen Arbeitslosengeld-II-Empfängern zu unterscheiden:

Auf welche Leistungen habe ich Anspruch?

- Übergang von Arbeitslosengeld zu Arbeitslosengeld II
- Übergang von Arbeitslosenhilfe zu Arbeitslosengeld II
- Übergang von Sozialhilfe zu Arbeitslosengeld II
- Diejenigen, die nicht arbeitslos sind, bisher jedoch weder Anspruch auf Arbeitslosengeld, Arbeitslosenhilfe oder Sozialhilfe hatten, aber ein geringes Einkommen haben

Die Auswirkungen sind unterschiedlich.

Denjenigen, die im Anschluss an Arbeitslosengeld Arbeitslosengeld II erhalten, wird dazu für die Dauer von zwei Jahren zunächst ein befristeter Zuschlag (s. S. 111) gegeben.

Diejenigen, die bereits Arbeitslosenhilfe erhalten, erhalten in Zukunft das Arbeitslosengeld II, welches sich nicht mehr wie bisher nach dem früheren Arbeitsverdienst bzw. dem vorhergehenden Arbeitslosengeld errechnet, sondern nach einer ganz neuen Berechnungsgrundlage. Prinzipiell ist es nicht möglich, eine pauschale Vergleichsberechnung zwischen Arbeitslosenhilfe und Arbeitslosengeld II zu erstellen, da die Berechnungsgrundlagen vollkommen unterschiedlich sind und neben dem Grundbetrag (Regelsatz) je nach Familienstand etc. gegebenenfalls ein individueller Mehrbedarf gezahlt wird. Außerdem werden Unterkunfts- und Heizkosten entsprechend den örtlichen Verhältnissen übernommen. Es zeichnet sich jedoch die Tendenz ab, dass diejenigen, die bereits geringe Leistungen erhalten, insbesondere ergänzende Leistungen der Sozialhilfe, in Zukunft mit dem Arbeitslosengeld II besser dastehen, während sich die Situation für Alleinstehende, die gut verdient, ein hohes Arbeitslosengeld und somit auch eine hohe Arbeitslosenhilfe erhalten haben, sicherlich verschlechtert.

Da sich das Arbeitslosengeld II an der bisherigen Sozialhilfe orientiert, Leistungen nunmehr aus einer Hand und außerdem im Vergleich zur Sozialhilfe teilweise höhere Freibeträge gewährt werden, dürften in der Regel bisherige arbeitsfähige Sozialhilfeempfänger insgesamt besser dastehen als bei Bezug der Sozialhilfe. Ganz besonders hervorzuheben ist, dass Sozialhilfeempfänger, die nicht in der gesetzlichen Sozialversicherung versichert waren, nun in der gesetzlichen Sozialversicherung pflichtversichert sind. Besteht in der gesetzlichen Krankenversicherung eine Familienversicherung, so bleibt diese natürlich weiter bestehen.

Welche Pflichten habe ich als Arbeitsuchender?

Das neu geschaffene SGB II hat viele Rechtsgedanken aus dem bisherigen Sozialhilferecht übernommen. Hierzu gehört insbesondere, dass Sie, wenn Sie Leistungen der Grundsicherung für Arbeitsuchende in Anspruch nehmen wollen, nunmehr verstärkt aktiv dazu beitragen müssen, Einkommen zu erzielen, insbesondere wieder in Arbeit zu kommen.

In der Sozialhilfe war es schon immer Rechtspraxis, dass ein arbeitsfähiger Sozialhilfeempfänger nachweisen musste, dass er sich um Arbeit bemüht. Die Verwaltungsgerichte haben immer wieder bestätigt, dass die Sozialhilfe nicht nur gekürzt, sondern gegebenenfalls vollkommen gestrichen werden kann, wenn nicht mindestens acht bis 15 ernsthafte Bewerbungen im Monat nachgewiesen werden. Ob diese Grundsätze auch beim Arbeitslosengeld II angewandt werden, muss abgewartet werden. Es ist jedoch darauf hinzuweisen, dass der Arbeitsuchende verpflichtet ist, eine so genannte Eingliederungsvereinbarung abzuschließen, in der u. a. diese Probleme geregelt werden sollen.

Eingliederungsvereinbarung abschließen

In den Informationen der Bundesagentur für Arbeit wird die Eingliederungsvereinbarung schön umschrieben. Tatsächlich ist es so, dass Sie verpflichtet sind, sich aktiv darum zu bemühen, Arbeit zu erlangen und insbesondere Nachweise über Bewerbungen zu erbringen. Können Sie diese Nachweise nicht vorlegen, kann Ihnen die Grundsicherung gekürzt werden.

Ziel und Zweck der Eingliederungsvereinbarung soll zunächst sein, dass ein so genannter persönlicher Ansprechpartner – Fallmanager – mit Ihnen Ihre Situation bespricht und nach einer gründlichen Analyse in einer Eingliederungsvereinbarung festlegt, was Sie unternehmen müssen, um Probleme zu überwinden und eine neue Chance auf eine Beschäftigung zu bekommen. Hier wird festgelegt, dass und wie Sie alle Möglichkeiten zur Beendigung und Verringerung Ihrer Hilfebedürftigkeit nutzen und aktiv an allen von der Arbeitsagentur für notwendig gehaltenen Maßnahmen mitwirken müssen. Sie sind verpflichtet, entsprechenden Anforderungen der Bundesagentur für Arbeit nachzukommen, es sei denn Sie können nachweisen, dass konkrete Maßnahmen für Sie nicht zumutbar sind (Näheres unter dem Stichwort „Zumutbarkeit" ab Seite 27).

Was in der Eingliederungsvereinbarung festgelegt wird

Inhalt der Eingliederungsvereinbarung kann sein:

- Hilfe bei der Betreuung minderjähriger oder behinderter Kinder,
- Schuldnerberatung,
- Suchtberatung,
- psychosoziale Betreuung,
- Übernahme von Mietschulden,
- auf welche Stellen und wie Sie sich bewerben sollen.

In der Praxis dürfte die Eingliederungsvereinbarung darauf hinauslaufen, dass festgelegt wird, wie und auf welche Stellen Sie sich zu bewerben haben und wie Sie diese Bewerbungen nachweisen. Bestehen Sie darauf, dass festgelegt wird, in welchem Umfang Ihnen Bewerbungskosten erstattet werden. In der Sozialhilfepraxis gab es bisher große Probleme hinsichtlich der Anerkennung der so genannten ernsthaften Bewerbungen. In Ihrem eigenen Interesse sollten Sie deshalb darauf bestehen, dass in der Eingliederungsvereinbarung so genau wie möglich festgelegt wird,

- auf welche Stellen Sie sich bewerben müssen,
- welche Tätigkeiten für Sie unzumutbar sind und

- ob Sie sich grundsätzlich schriftlich bewerben müssen oder ob auch persönliche, telefonische und E-Mail-Bewerbungen anerkannt werden.

Denken Sie jedoch daran, dass der Nachweis persönlicher oder telefonischer Bewerbungen zu Problemen führen kann. Es kommt immer wieder vor, dass persönliche oder telefonische Bewerbungen nicht anerkannt werden, da Arbeitgeber auf Nachfrage von Seiten der Behörde die Bewerbung nicht bestätigen. Oft liegt es auch daran, dass beim falschen Ansprechpartner nachgefragt wird oder bei persönlicher oder telefonischer Vorsprache keine schriftlichen Unterlagen abgegeben werden und die Arbeitgeber somit nicht in der Lage sind, dem Behördenmitarbeiter anhand konkreter Unterlagen die richtige Auskunft zu geben.

Sie sollten sich daher in Ihrem eigenen Interesse Bewerbungen bei persönlicher Vorsprache bestätigen lassen und auf jeden Fall bei telefonischen Bewerbungen nochmals eine schriftliche Kurzbewerbung nachsenden bzw. sich das Telefongespräch schriftlich bestätigen lassen. Versäumen Sie es hierbei nicht, sich den genauen Namen Ihres Ansprechpartners und dessen Telefonnummer geben zu lassen.

Was ist zumutbar und was nicht?

Als Arbeitsuchendem ist Ihnen jede Arbeit zumutbar (d. h. Sie müssen jede Arbeit annehmen), zu der Sie geistig, seelisch und körperlich in der Lage sind. Weigern Sie sich, zumutbare Arbeiten anzunehmen, werden Ihnen die Leistungen gekürzt oder sogar ganz gestrichen.

Zumutbarkeit liegt nicht vor,

- wenn die Ausübung der Arbeit Ihnen die künftige Ausübung Ihrer bisherigen überwiegenden Arbeit wesentlich erschweren würde, weil die bisherige Tätigkeit besondere körperliche Anforderungen stellt (eine Pianistin dürfte wohl nicht auf Arbeiten auf dem Bau verwiesen werden);
- wenn die Ausübung einer Arbeit die Erziehung Ihres Kindes oder des Kindes Ihres Partners gefährden würde. Die Erziehung eines Kindes, das das dritte Lebensjahr vollendet hat, ist in der Regel nicht gefährdet, soweit seine Betreuung sichergestellt ist (z. B. Kindergarten);
- wenn die Ausübung der Arbeit mit der Pflege eines Ihrer Angehörigen nicht vereinbar wäre und die Pflege nicht auf andere Weise sichergestellt werden kann.

Eine Entlohnung unterhalb des Tariflohns oder des ortsüblichen Entgelts steht der Zumutbarkeit der Arbeitsaufnahme grundsätzlich nicht entgegen. Allerdings darf die Arbeit nicht gegen Gesetz oder die guten Sitten verstoßen.

> *Bei einer Unterschreitung der ortsüblichen/tariflichen Löhne von mehr als 30 Prozent liegt in der Regel ein Verstoß gegen die guten Sitten vor.*

Grundsätzlich müssen Ihre persönlichen Interessen in der Abwägung gegenüber den Interessen der Allgemeinheit zurückstehen, wenn keiner der genannten Gründe vorliegt.

Bestehen zwischen Ihnen und dem Mitarbeiter der Bundesagentur für Arbeit unterschiedliche Auffassungen über die

Zumutbarkeit, so müssen Sie zunächst den Weisungen des Behördenmitarbeiters nachkommen. Weigern Sie sich, so können Ihnen nach vorheriger Belehrung die Leistungen gekürzt werden. Wollen Sie diese Folgen vermeiden, so haben Sie nur zwei Möglichkeiten:

- schriftlich eine Gegendarstellung einreichen oder
- bei der Bundesagentur für Arbeit Widerspruch gegen die Aufforderung, eine nach Ihrer Auffassung unzumutbare Arbeit anzunehmen, einlegen.

Wird Ihnen die Leistung trotzdem gekürzt, so können Sie gegen diesen Kürzungsbescheid Widerspruch und gegen einen ablehnenden Widerspruchsbescheid Klage einlegen. § 31 Abs. 6 S. 1 SGB II bestimmt, dass die Kürzung erst dann erfolgen darf, wenn Sie mit Ihrem Widerspruch und ggf. der Klage erfolglos waren. Versäumen Sie also nicht, gegen einen Kürzungsbescheid Widerspruch und Klage einzulegen.

Was hat es mit den Ein-Euro-Jobs auf sich?

Unter „Ein-Euro-Jobs" versteht man Arbeitsgelegenheiten im Rahmen der so genannten Eingliederungsleistungen. Es handelt sich um zusätzliche Arbeitsgelegenheiten, die im öffentlichen Interesse liegen.

Werden diese Arbeiten nicht als Arbeitsbeschaffungsmaßnahmen gefördert, erhalten Sie, wenn Sie eine solche Tätigkeit verrichten, zuzüglich zum Arbeitslosengeld II eine angemessene Entschädigung für Mehraufwendungen in Höhe von ein bis zwei Euro pro Stunde.

Bei diesen Arbeiten handelt es sich nicht um ein Arbeitsverhältnis im Sinne des Arbeitsrechts. Die Vorschriften über den Arbeitsschutz und das Bundesurlaubsgesetz sind jedoch entsprechend anzuwenden; für Schäden bei der Ausübung einer solchen Tätigkeit haften Sie nur wie normal beschäftigte Arbeitnehmerinnen und Arbeitnehmer auch. Die verrichteten Arbeiten müssen gemeinnützig und zusätzlich sein.

Beispiel:
Soziale Betreuungsarbeiten in der Altenpflege und bei der Kinderbetreuung sind gemeinnützig, da sie der Gesellschaft zugute kommen, und sie sind zusätzlich, wenn sie zusätzlich zu den Aufgaben erbracht werden, die die normalen Altenpflegekräfte und Erzieherinnen leisten können.

Eine solche Eingliederungsmaßnahme muss genehmigt werden. Anbieten können diese Tätigkeiten die Träger der Wohlfahrtspflege (Rotes Kreuz, Caritas etc.) sowie Kommunen. Die zuständige Stelle prüft, ob die Arbeiten gemeinnützig und zusätzlich sind, bewilligt die Förderung und weist dem Träger diejenigen Arbeitslosengeld-II-Bezieher zu, für die eine solche Tätigkeit nach der individuellen Eingliederungsvereinbarung sinnvoll ist. Die Förderung an den Träger deckt die Mehraufwandsentschädigung ab, die an den Arbeitslosengeld-II-Bezieher ausgezahlt wird, und kann auch eigene Kosten des Trägers, z. B. für die Qualifizierung des Hilfebedürftigen, Anleitungs- und Betreuungspersonal etc., abdecken.

Wenn Sie solch eine Tätigkeit verrichten, erhalten Sie das Arbeitslosengeld II weiter (Regelleistung zur Sicherung des Lebensunterhalts und die Kosten für Unterkunft und Heizung und außerdem ggf. den befristeteten Zuschlag nach dem Bezug von Arbeitslosengeld). Außerdem zahlt Ihnen der Träger eine Mehraufwandsentschädigung in Höhe von ein bis zwei Euro je Stunde aus. Somit können Sie in einer Arbeitsgelegenheit netto durchaus über einen Betrag zwischen 850 und 1.000 Euro verfügen.

Alle großen Wohlfahrtsverbände haben ihr Interesse an diesen Arbeitsgelegenheiten bekundet. Sie hoffen, dass dringende soziale Dienstleistungen erledigt, Langzeitarbeitslose wieder an den Arbeitsmarkt herangeführt und Bereiche mit Arbeitskräftemangel – z. B. in der Pflege – bei entsprechender Qualifizierung der Langzeitarbeitslosen abgedeckt werden können.

Diese Arbeitsgelegenheiten werden auf lokaler Ebene angeboten und unter Berücksichtigung der regionalen Arbeitsmarktlage bewilligt. Für jeden Arbeitslosengeld-II-Bezieher soll sorgfältig entschieden und in der Eingliederungsvereinbarung aufgenommen werden, ob es auch andere Möglichkeiten der Eingliederung gibt. Beachten Sie, dass Sie verpflichtet sind, eine solche Arbeitsangelegenheit anzunehmen, wenn Ihnen dies zumutbar ist.

■ *Da es sich bei diesen Tätigkeiten jedoch um zusätzliche, im öffentlichen Interesse liegende Arbeiten für Erwerbsfähige handelt, die keine Arbeit finden können, kann von Ihnen nicht verlangt werden, dass Sie z. B. einen so genannten Minijob aufgeben und dafür einen Ein-Euro-Job annehmen.* ■

Wann werden Leistungen gekürzt?

Kommen Sie Ihren Pflichten nicht nach, können Sanktionen verhängt werden.

Voraussetzung für die Kürzung von Leistungen ist zunächst, dass Ihnen vor Einstellung der Leistung die Leistungskürzung angedroht wird. Weigern Sie sich trotz dieser Androhung weiterhin,

- eine angebotene Eingliederungsvereinbarung abzuschließen,
- Pflichten aus der Eingliederungsvereinbarung zu erfüllen,
- eine zumutbare Arbeit, eine zumutbare Ausbildung oder Arbeitsgelegenheit (Arbeitsbeschaffungsmaßnahme) aufzunehmen oder fortzuführen oder
- eine im öffentlichen Interesse liegende zumutbare Arbeit auszuführen,

bzw. brechen Sie eine zumutbare Maßnahme zur Eingliederung in Arbeit ab oder haben einen Anlass für den Abbruch gegeben, wird Ihnen die monatliche Regelleistung zunächst um 30 Prozent gekürzt. Erhalten Sie den im Anschluss an den Bezug von Arbeitslosengeld vorgesehenen befristeten Zuschlag (s. S. 111), entfällt dieser.

> Eine Kürzung erfolgt nicht, wenn Sie einen wichtigen Grund für Ihr Verhalten nachweisen können. Sie müssen genaue Tatsachen vortragen und nachweisen, die Sie berechtigen, Ihren Pflichten nicht nachzukommen.

Sollten Sie wiederholt Ihre Pflichten verletzen, wird Ihnen das Arbeitslosengeld II zusätzlich um weitere 30 Prozent des Ihnen zustehenden Regelsatzes gekürzt.

In diesen Fällen können dann auch die Leistungen

- Mehrbedarfe (s. S. 41),
- Kosten für Unterkunft und Heizung sowie
- sonstiger Bedarf

gekürzt werden. Bei einer Minderung der Regelleistung um mehr als 30 Prozent können in angemessenem Umfang ergänzende Sachleistungen erbracht werden (z. B. Zahlung der Unterkunftskosten direkt an den Vermieter, Gutscheine etc.).

Bei wiederholter Verletzung der Meldepflicht wird das Arbeitslosengeld II zusätzlich um jeweils weitere zehn Prozent abgesenkt.

Die Kürzung oder die Streichung der Leistungen erfolgt für jeweils drei Monate, auch wenn Sie Ihr Verhalten ändern. Ändern Sie Ihr Verhalten nicht (begehen also weiterhin eine Pflichtverletzung), wird Ihnen die Leistung erneut für drei Monate gekürzt oder entfällt für diese Zeit ganz. Dieser Dreimonatszeitraum schließt sich an die ersten drei Monate an oder kann sich auch teilweise mit ihnen überschneiden.

Werden Ihnen die Leistungen um mehr als 30 Prozent, d. h. zweimal, gekürzt, haben Sie gegenüber der Agentur für Arbeit Anspruch auf ergänzende Sachleistungen oder so genannte geldwerte Leistungen, etwa in Form von Lebensmittelgutscheinen. Leben Sie mit minderjährigen Kindern in einer Bedarfsgemeinschaft, soll die Agentur für Arbeit auch schon bei einer geringeren Kürzung Sachleistungen oder so genannte geldwerte Leistungen erbringen, damit minderjährige Kinder nicht übermäßig belastet werden, wenn das Arbeitslosengeld II der Eltern oder Elternteile wegen deren Pflichtverletzung gekürzt wird.

Eine Kürzung darf jedoch wie gesagt nur erfolgen, wenn Sie vorher über die Rechtsfolgen belehrt worden sind. Diese Belehrung muss nicht schriftlich erfolgen. Ihnen soll jedoch in verständlicher Form erläutert werden, welche unmittelbaren konkreten Auswirkungen eine Pflichtverletzung auf Ihren Leistungsanspruch haben wird. Ob und wie die entsprechende Aufklärung nachgewiesen werden muss, wird durch die Gerichte entschieden werden müssen. In der Praxis können Sie sich eventuell gegen eine Leistungskürzung wehren, indem Sie vortragen, Sie seien nicht entsprechend aufgeklärt worden.

Die oben genannten Sanktionen gelten entsprechend, wenn

- Sie nach Vollendung Ihres 18. Lebensjahres bewusst Ihr Einkommen oder Vermögen vermindert haben, um Arbeitslosengeld II zu erhalten,
- Sie trotz Belehrung über die Kürzung Ihr unwirtschaftliches Verhalten fortsetzen (z. B. unverhältnismäßig hohe Telefon- oder Stromkosten, dadurch Gefährdung des Lebensunterhalts, Schulden etc.),
- Ihr Anspruch auf Arbeitslosengeld zu erlöschen droht oder erloschen ist, weil die Agentur für Arbeit den Eintritt

einer Sperrzeit oder das Erlöschen des Anspruchs festgestellt hat,

- Sie die Voraussetzungen für den Eintritt einer Sperrzeit (etwa durch Kündigung des Arbeitsplatzes Ihrerseits oder Nichtantritt einer vermittelten Stelle) erfüllt haben, die das Ruhen oder Erlöschen des Anspruchs auf Arbeitslosengeld begründen.

Sonderregelung für Personen zwischen dem 15. und dem 25. Lebensjahr

Begehen junge erwerbsfähige Hilfebedürftige zwischen dem vollendeten 15. und dem 25. Lebensjahr eine Pflichtverletzung, so werden schärfere Sanktionen verhängt. Diese Personen erhalten, wenn sie

- Pflichten aus der Eingliederungsvereinbarung nicht erfüllen,
- sich weigern, eine zumutbare Arbeit, eine zumutbare Ausbildung oder Arbeitsgelegenheit (Arbeitsbeschaffungsmaßnahme) aufzunehmen oder fortzuführen,
- sich weigern, eine im öffentlichen Interesse liegende zumutbare Arbeit auszuführen oder
- eine zumutbare Maßnahme zur Eingliederung in Arbeit ablehnen oder Anlass für den Abbruch gegeben haben,

in angemessenem Umfang nur noch Sachleistungen oder sonstige Leistungen wie Lebensmittelgutscheine. Die angemessenen Kosten für Unterkunft und Heizung werden direkt an den Vermieter gezahlt.

Wann sollte ich den Antrag stellen?

Wenn Sie bisher Arbeitslosengeld erhalten haben

Ab dem 1.1.2004 wurde die Bezugsdauer für das Arbeitslosengeld erheblich herabgesetzt.

Während bisher die Bezugsdauer bis zu 32 Monate betrug (57 Jahre und älter), beträgt sie in Zukunft maximal 18 Monate (55 Jahre und älter).

Es gibt jedoch Übergangsregelungen. Wenn Anspruch auf Arbeitslosengeld bis zum 31.1.2006 entsteht, erhalten Sie dieses nach den für Sie jetzt noch günstigen Regelungen.

Wenn der Anspruch auf Arbeitslosengeld bis zum 31.1.2006 entstanden ist und Sie zu diesem Zeitpunkt bereits 57 Jahre alt sind, sollten Sie deshalb gut überlegen, ob Sie Arbeitslosengeld nicht erst ab Januar 2006 beantragen, da Sie dann bis zum Eintritt in das Rentenalter (unterstellt, Sie erhalten vorgezogene Rente mit 60 Jahren) das volle Arbeitslosengeld erhalten.

Lassen Sie sich vor Antragstellung auf Arbeitslosengeld zunächst von Ihrer Rentenversicherung und Ihrem Sachbearbeiter bei der Bundesagentur für Arbeit beraten, holen Sie ggf. auch noch Rat von einer sachkundigen Stelle außerhalb der Behörde ein.

> *Wenn Sie sich arbeitslos melden, müssen Sie nicht gleichzeitig Arbeitslosengeld beantragen. In solchen Fällen sollten Sie sich zunächst fachkundig beraten lassen.*

Wenn Sie bisher Arbeitslosenhilfe erhalten haben

Empfängern von Arbeitslosenhilfe nützt das Hinausschieben des Antrags auf Arbeitslosengeld II bis zum 31.1.2006 nichts. Jedoch sollten Sie den Antrag auf Arbeitslosengeld II nicht voreilig stellen, sondern erst nachdem Sie dieses Buch sorgsam gelesen und ggf. Vorsorge getroffen haben. Stellen Sie einen Antrag zu früh und/oder achten Sie nicht auf die Fallen im Antrag, kann es passieren, dass Sie kein Arbeitslosengeld II erhalten.

Wenn Sie bisher Sozialhilfe erhalten haben

Sozialhilfeempfänger, die mindestens drei Stunden täglich arbeiten können, erhalten in Zukunft Arbeitslosengeld II. Im Gegensatz zur Sozialhilfe sind die Leistungen teilweise besser, die Berücksichtigung von Hinzuverdienst ist günstiger, die Vermögensfreibeträge sind beim Arbeitslosengeld II deutlich günstiger als bei der Sozialhilfe.

Wenn Sie bisher keine dieser Hilfeleistungen erhalten haben

Da jeder, dessen Einkommen gewisse Grenzen nicht überschreitet, Anspruch auf Arbeitslosengeld II hat, trifft dies nunmehr auf eine Reihe von Personen zu, die vorher keinen Anspruch hatten. Dies hängt auch damit zusammen, dass die Freibeträge beim so genannten Nebenverdienst (dies ist ein juristischer Ausdruck – gemeint ist damit ein Verdienst neben dem Arbeitslosengeld II) relativ hoch sein können. Arbeitslosengeld II ist nicht davon abhängig, ob man arbeitslos ist. So kann eine Familie mit zwei Kindern bei einem Bruttoverdienst von 2.000 Euro durchaus Anspruch auf Arbeitslosengeld II haben.

Bei vorhandenem Vermögen: Vorsorge treffen

Haben Sie zum Zeitpunkt der Antragstellung noch Vermögen, das über dem Freibetrag liegt, oder leben Sie mit Personen zusammen, deren Einkommen bzw. Vermögen bei der Gewährung des Arbeitslosengeldes II berücksichtigt wird, können Sie zunächst Vorsorge treffen und den Antrag erst dann stellen, wenn kein anrechenbares Vermögen mehr vorhanden ist und/oder (wenn dies möglich ist) Sie nicht mehr mit Personen zusammenleben, deren Einkommen bzw. Vermögen angerechnet wird.

Wie errechnet sich mein Bedarf?

An nachstehenden Beispielen möchte ich Ihnen die Grundsätze der Berechnung des Arbeitslosengeldes II darstellen.

Zunächst wird der Bedarf ermittelt (unabhängig vom früheren Einkommen – Ausnahme: Übergang von Arbeitslosengeld I zu Arbeitslosengeld II).

Der Bedarf errechnet sich wie folgt:

Schritt 1:

Zunächst wird der für Sie zutreffende Regelsatz ermittelt. Zu diesem wird ein eventueller Mehrbedarf hinzugezählt und zum Schluss noch die Kosten für Unterkunft und Heizung. Das Ergebnis ist der Betrag, der Ihnen zur Verfügung stehen muss.

Schritt 2:

Beziehen Sie Geld, erhalten Sie also Einnahmen, so sind diese vermindert um Freibeträge von Ihrem Bedarf abzuziehen. Ausgezahlt wird dann der Unterschiedsbetrag.

Nicht alle Einnahmen, die Sie als Arbeitsuchender bzw. die Personen, die mit Ihnen zusammenleben, erzielen, werden als Einnahmen berücksichtigt. Außerdem werden von Ihren Einnahmen, soweit Sie diese aus Arbeitseinkommen oder einer selbstständigen Tätigkeit erzielen, noch Freibeträge abgezogen.

Wegen der Nichtberücksichtigung gewisser Einnahmen und aufgrund der Gewährung von Freibeträgen ist es durchaus möglich, dass Sie unter dem Strich mehr Geld zur Verfügung haben, als Ihrem Bedarf entspricht.

Schritt 1: Ermittlung des Regelsatzes

Der Regelsatz beträgt

- in den neuen Bundesländern pro Monat 331 Euro,
- in den alten Bundesländern und in Berlin (Ost und West) pro Monat 345 Euro.

> *Den vollen Regelsatz erhalten nur Alleinstehende oder Alleinerziehende.*

Volljährige im Haushalt lebende Partner erhalten jeweils 90 Prozent des Regelsatzes. Dieser beträgt

- in den neuen Bundesländern pro Monat 298 Euro,
- in den alten Bundesländern und in Berlin (Ost und West) pro Monat 311 Euro.

Kinder bis zum vollendeten 14. Lebensjahr erhalten 60 Prozent des Regelsatzes, d. h. 199 Euro in den neuen und 207 Euro in den alten Bundesländern (mit Berlin).

Kinder ab dem vollendeten 14. Lebensjahr bis zum vollendeten 18. Lebensjahr erhalten 80 Prozent. Das sind 265 Euro in den neuen und 276 Euro in den alten Bundesländern (mit Berlin).

Übersicht zum Arbeitslosengeld II: Wer bekommt wie viel?

	Prozentsatz vom Regelsatz	Ost	West und Berlin
Alleinstehende und Alleinerziehende	100	331	345
Partner, wenn beide älter als 18	je 90	je 298	je 311
Kinder bis 14	60	199	207
Kinder zwischen 14 und 18	80	265	276

Zusätzlich werden noch die angemessenen Kosten für Unterkunft und Heizung getragen sowie in bestimmten Fällen ein so genannter Mehrbedarf für

- Schwangere,
- allein erziehende Arbeitsuchende, gestaffelt nach der Kinderzahl,
- erwerbsfähige behinderte Menschen, die Leistungen der Eingliederungshilfe erhalten,
- erwerbsfähige Bedürftige, die einer kostenaufwändigen Ernährung bedürfen.

Schwangeren wird ab der 13. Schwangerschaftswoche der Mehrbedarfszuschlag gezahlt. Die Zahlung erfolgt bis zum tatsächlichen Entbindungstermin, auch wenn dieser von dem vorläufigen Termin abweicht. Ergeben sich Überzahlungen wegen eines früheren Entbindungstermins werden diese mit dem Sozialgeld, das dem neugeborenen Kind zusteht, verrechnet.

Mehrbedarfe für werdende Mütter § 21 Abs. 2 SGB II		
Regelleistungshöhe	alte Bundesländer	neue Bundesländer
§ 20 Abs. 2 SGB II (100 %)	59 €	56 €
§ 20 Abs. 3 Satz 1 SGB II (90 %)	53 €	51 €
§ 20 Abs. 3 Satz 2 SGB II (80 %)	47 €	45 €

Die jeweilige Paragrafen gelten für folgende Personengruppen:

- § 20 Abs. 2 = alleinstehend
- § 20 Abs. 3 Satz 1 = mit einem Partner zusammenlebend und volljährig
- § 20 Abs. 3 Satz 2 = Mutter ist minderjährig und lebt in einer Bedarfsgemeinschaft (mit Eltern)

Alleinerziehende erhalten einen Zuschlag von mindestens 36 Prozent, wenn sie mit einem Kind unter sieben Jahren oder mit zwei oder drei Kindern unter 16 Jahren zusammenleben, bzw. bei mehr Kindern einen Zuschlag von bis insgesamt 60 Prozent des Regelsatzes.

Behinderten, die Leistungen zur Teilhabe am Arbeitsleben nach SGB IX oder sonstige Hilfen zur Erlangung eines Arbeitsplatzes, zur Ausbildung oder für eine sonstige angemessene Tätigkeit erhalten, steht ein Mehrbedarf von 35 Prozent des Regelsatzes zu. Zum Regelsatz kommen dann noch die Kosten für angemessene Unterkunft hinzu. Näheres kann nachfolgender Tabelle entnommen werden:

Kinder \ v. H.	12	24	36	48	60
1 Kind unter 7 J.			x		
1 Kind über 7 J.	x				
2 Kinder unter 16 J.			x		
2 Kinder über 16 J.		x			
1 Kind über 7 J. + 1 Kind über 16 J.		x			
3 Kinder			x		
4 Kinder				x	
ab 5 Kinder					x

Minderjährige Kinder mit eigenem Kind, die im Haushalt ihrer Eltern leben, bilden eine eigene Bedarfsgemeinschaft. Sie erhalten die volle Regelleistung und den Mehrbedarf für Alleinerziehende. Dies gilt auch dann, wenn sie zusammen mit ihrem Kind im Haushalt eines alleinstehenden Elternteils leben. Der alleinstehende Elternteil (Großmutter/Großvater) hat in diesem Fall keinen Anspruch auf Mehrbedarf für sein minderjähriges Kind.

Volljährige Kinder mit eigenem Kind, die im Haushalt der Eltern/des Elternteils leben, haben ebenfalls Anspruch auf den Mehrbedarf für Alleinerziehende.

Schritt 2: Ermittlung des Einkommens

Zum Einkommen zählen grundsätzlich alle Einkünfte in Geld oder Geldeswert (Sachbezüge).

Bei der Berechnung sind grundsätzlich alle Einnahmen ohne Rücksicht auf ihre Herkunft und Rechtsnatur zugrunde zu legen. Unerheblich ist, ob sie zu den Einkunftsarten im Sinne des Einkommensteuergesetzes gehören und ob sie der Steuerpflicht unterliegen.

Die Grundlage des Einkommens bilden die Bruttoeinnahmen.

Einkommen aus selbstständiger Tätigkeit, Gewerbebetrieb sowie Land- und Forstwirtschaft

Als Einkommen ist der Betrag anzusetzen, den Sie für den Bewilligungsabschnitt als Betriebseinnahmen schätzen. Grundlage Ihrer Schätzung sollen frühere Betriebsergebnisse sein. Belegen können Sie diese anhand einer Steuerentscheidung über das Vorjahresergebnis oder, falls eine solche noch nicht vorliegt (z. B. bei Neugründung), durch andere geeignete Unterlagen (z. B. Prognose Ihres Steuerberaters).

Eine nachgehende Kontrolle bzw. eine Rückrechnung bei tatsächlich abweichenden Betriebsergebnissen wird in der Regel nicht stattfinden. Diese werden bei der Prüfung für den nächsten Bewilligungsabschnitt berücksichtigt.

Bei Ihrem Einkommen aus selbstständiger Erwerbstätigkeit werden die mit der Erzielung des Einkommens verbundenen Betriebsausgaben pauschal in Höhe von 30 Prozent der Betriebseinnahmen abgesetzt, soweit Sie nicht höhere notwendige Ausgaben nachweisen.

Einkommen aus Kapitalerträgen

Einkommen aus Kapitalvermögen (nach § 20 Abs. 1 bis 3 EStG), vermindert um die Kapitalertragsteuer sowie um die mit der Erzielung verbundenen notwendigen Ausgaben, wird als einmalige Einnahme berücksichtigt.

Einkünfte aus Vermietung und Verpachtung

Bei der Vermietung von Räumen wird der Überschuss der Einnahmen über die mit ihrer Erzielung verbundenen notwendigen Ausgaben als Einkommen angesetzt.

Als notwendige Ausgaben werden anerkannt:

- anteilige Grund- und Gebäudesteuern, sonstige öffentliche Abgaben (z. B. für Straßen- und Schornsteinreinigung, Müllabfuhr, Kanalbenutzung), soweit diese Aufwendungen nicht zusätzlich zur Miete erhoben werden, und Versicherungsbeiträge;

- anteilige Schuldzinsen (z. B. für Hypothekendarlehen), auf besonderen Verpflichtungen beruhende Renten und dauernde Lasten (z. B. Altenteillasten aufgrund von Überlassungsverträgen), Tilgungsleistungen bleiben außer Betracht;
- Ausgaben für die Instandsetzung und Instandhaltung (z. B. Einbau einer Zentralheizung oder behindertengerechter Einrichtungen), nicht aber für Verbesserungen des Haus- und Grundbesitzes über eine Anpassung an den üblichen Standard hinaus.

Ohne Nachweis werden für Bewirtschaftung ein Prozent und für Instandsetzung/Instandhaltung insgesamt zehn Prozent der Bruttoeinnahmen abgesetzt.

> *Bei Wohnungsgrundstücken, die vor dem 1.1.1925 bezugsfertig geworden sind, werden 15 Prozent der Bruttoeinnahmen abgesetzt.*

Als Einkünfte aus der Vermietung von möblierten Wohnungen und von Zimmern werden pauschal von den Roheinnahmen abgesetzt:

- bei möblierten Wohnungen 80 Prozent,
- bei möblierten Zimmern 70 Prozent,
- bei Leerzimmern 90 Prozent,

es sei denn, Sie weisen höhere Belastungen nach, z. B. wegen Schuldentilgung.

Zu den Roheinnahmen gehören nicht die Beträge, die vom Mieter wieder ersetzt werden, wie z. B. Stromgeld und anteiliges Wassergeld.

Führen Sie die Vermietung und Verpachtung gewerbsmäßig durch, handelt es sich bei den erzielten Einnahmen um Einkünfte aus selbstständiger Tätigkeit.

Sonstige Einkünfte

1 Beziehen Sie für minderjährige Kinder Kindergeld, so wird dieses dem Kind als Einkommen zugeordnet, soweit es für die Sicherung von dessen Lebensunterhalt benötigt wird. Ein eventuell den Bedarf des Kindes übersteigender Betrag (z. B. durch das Zusammentreffen mit Unterhaltsleistungen und/oder weiterem eigenen Einkommen) wird hingegen Ihnen als Einkommen zugeordnet. Dies trifft jedoch nur für das Kindergeld zu. Ist der Bedarf des Kindes durch Unterhaltszahlungen und Kindergeld gedeckt, so wird Ihnen nur der Teil des Kindergeldes angerechnet, der den Bedarf des Kindes überschreitet, der Unterhalt des Kindes verbleibt bei diesem.

Beispiel:

Bedarf des Kindes	199 €
Unterhalt	284 €
Kindergeld	156 €
übersteigender Betrag	241 €

Hiervon wird dem Elternteil nur das Kindergeld, also 156 Euro, angerechnet, der Rest von 85 Euro verbleibt beim

Kind und erhöht somit das der Familie zur Verfügung stehende Einkommen.

Teilweise wird jedoch die Meinung vertreten, dass die Unterkunftskosten auf die Familienmitglieder zu verteilen seien, also auch auf das Kind. Handelt es sich z. B. um eine allein erziehende Mutter und die Unterkunftskosten betragen 350 Euro, entfielen 175 Euro Unterkunftskosten auf das Kind. Der Bedarf des Kindes wäre dann nicht 199, sondern 374 Euro. Dem Kind stehen insgesamt 440 Euro zur Verfügung und es ergibt sich folgende Rechnung:

Beispiel:
Bedarf des Kindes einschließlich
Unterkunftskosten 374 €
Unterhalt 284 €
Kindergeld 156 €
übersteigender Betrag 66 €

Da bis zur Höhe des Kindergeldes der übersteigende Bedarf voll auf das Einkommen der allein erziehenden Mutter angerechnet wird, wird im Ergebnis durch die Unterhaltszahlung des Kindsvaters der Unterhalt der Mutter finanziert.

2 Beziehen Sie Kindergeld für volljährige Kinder, so wird dies grundsätzlich Ihnen als Einkommen zugeordnet.

3 Ein Kind vor Vollendung des 12. Lebensjahres, das einen Anspruch auf Unterhalt hat, der von dem Unterhaltsverpflichteten nicht oder nur teilweise erfüllt wird, kann Anspruch auf einen Unterhaltsvorschuss (Unterhaltsvorschusskasse des zuständigen Jugendamtes) haben. Dieser

Betrag mindert als Einkommen ausschließlich den Bedarf des Kindes.

4 Können Sie mit Ihrem Einkommen Ihren eigenen Bedarf nicht decken und haben Sie Kinder, die das 18. Lebenjahr noch nicht vollendet haben, so können Sie nach § 6a Bundeskindergeldgesetz (BKGG) Kinderzuschlag erhalten. Der Zuschlag wird jedoch nur geleistet, wenn dadurch Hilfebedürftigkeit nach § 9 SGB II vermieden wird. Ein zeitgleicher Bezug von SGB-II-Leistungen und Kinderzuschlag ist nicht möglich.

5 Erhalten Sie Leistungen zum Lebensunterhalt nach dem SGB II, so haben Sie grundsätzlich keinen Anspruch auf Wohngeld, da die Kosten für Unterkunft bereits zusammen mit dem Arbeitslosengeld II übernommen werden.

6 Krankengeld wird grundsätzlich als Einkommen berücksichtigt. Krankengeld, das an Arbeitslosengeld-II-Empfänger nach Ablauf der sechs Wochen Leistungsfortzahlung gezahlt wird, ist Ersatz für Arbeitslosengeld II und wird daher nicht als Einkommen angerechnet. Dasselbe gilt für andere Leistungen, die im Anschluss an Arbeitslosengeld II an dessen Stelle in gleicher Höhe erbracht werden, wie z. B. Mutterschaftsgeld, Versorgungskrankengeld oder Verletztengeld.

7 Einkommen eines Inhaftierten wird grundsätzlich berücksichtigt.

8 Während der Zeit des Grundwehrdienstes/Zivildienstes werden dem Grundwehr-/Zivildienstleistenden und dessen Angehörigen Leistungen nach dem Wehrsoldgesetz

(WSG), Zivildienstgesetz (ZDG) und Unterhaltssicherungsgesetz (USG) gewährt, mit denen er seinen Lebensunterhalt und den seiner Angehörigen bestreiten kann. Stellt der Grundwehr-/Zivildienstleistende oder Angehörige dennoch einen Antrag auf Leistungen nach dem SGB II, werden die Leistungen nach dem USG angerechnet.

Was zählt nicht zum Einkommen?

Nicht als Einkommen gelten

- die Grundrente nach dem Bundesversorgungsgesetz – BVG. Auch bei den Hinterbliebenen (Witwen, Waisen) und Eltern wird die Grundrente nicht angerechnet.
- Grundrenten, die in entsprechender Anwendung des BVG gezahlt werden, z. B. für
  - Kriegsgefangenschaftsopfer (§ 3 Gesetz über Unterhaltshilfe für Angehörige von Kriegsgefangenen – UBG),
  - Wehrdienstopfer (§§ 80 ff. Soldatenversorgungsgesetz),
  - Grenzdienstopfer (§§ 59 ff. Bundesgrenzschutzgesetz - BGSG),
  - Zivildienstopfer (§ 50 Zivildienstgesetz – ZDG),
  - Opfer von Gewalttaten (Gesetz über die Entschädigung von Gewalttaten – OEG),
  - politische Häftlinge (§ 4 Häftlingshilfegesetz – HHG),

- Impfgeschädigte (§ 60 Abs. 1 Infektionsschutzgesetz – IfSG),
- zu unrecht Verhaftete bzw. rechtsstaatswidrig Verfolgte (§ 21 Strafrechtliches Rehabilitierungsgesetz – StrRehaG).

- Renten für Contergan-Kinder sowie
- Renten oder Beihilfen nach dem Bundesentschädigungsgesetz (Opfer der nationalsozialistischen Verfolgung) werden in Höhe der vergleichbaren Grundrente nach dem BVG auch nicht als Eikommen angerechnet.

Weiterhin werden nicht als Einkommen angerechnet:

- Erziehungsgeld, vergleichbare Leistungen der Länder sowie Mutterschaftsgeld und vergleichbare Leistungen (§ 8 BErzGG), soweit diese auf das Erziehungsgeld angerechnet werden,
- Leistungen nach dem Gesetz zur Errichtung der Stiftung „Mutter und Kind" – Schutz des ungeborenen Lebens,
- monatliche Renten nach dem Gesetz über die Hilfe für durch Anti-D-Immunprophylaxe mit dem Hepatitis-C-Virus infizierte Personen zur Hälfte, Einmalzahlungen in voller Höhe (§ 6 Abs. 1 Anti-D-Hilfegesetz),
- Leistungen nach dem HIV-Hilfe-Gesetz,
- Entschädigungsrenten und -leistungen nach dem Gesetz über Entschädigung für Opfer des Nationalsozialismus im Beitrittsgebiet zur Hälfte,

- bestimmte Leistungen nach dem Lastenausgleichsgesetz LAG (s. §§ 292 Abs. 2 Nr. 1 bis 3, 274, 280 284),
- Leistungen nach dem Gesetz über den Ausgleich beruflicher Benachteiligung für Opfer politischer Verfolgung im Beitrittsgebiet (§ 9 Abs. 1 Berufliches Rehabilitierungsgesetz),
- soziale Ausgleichsleistungen nach dem Gesetz über die Rehabilitierung und Entschädigung von Opfern rechtsstaatswidriger Strafverfolgungsmaßnahmen im Beitrittsgebiet (§ 16 Abs. 4 Strafrechtliches Rehabilitierungsgesetz).

Ebenfalls nicht als Einkommen gelten zweckbestimmte Einnahmen und Zuwendungen der freien Wohlfahrtspflege. Zu den zweckbestimmten Einnahmen, die einem anderen Zweck als das Arbeitslosengeld II/Sozialgeld dienen, zählen z. B.

- Arbeitsförderungsgeld in einer Werkstatt für Behinderte – WfbM – (§ 43 SGB IX),
- Aufwandsentschädigungen für Mitglieder kommunaler Vertretungen und Ausschüsse,
- Blindenführhundleistungen,
- Blindengeld nach den Landesblindengesetzen,
- Elternrente (§ 49 BVG),
- Entschädigung für Blutspender,
- Erholungshilfe (§ 27b BVG),
- Ersatzleistungen für Luftschutzdienst,
- Kleider- und Wäscheverschleißleistung (§ 15 BVG),

- Leistungen der gesetzlichen Pflegeversicherung und gleichwertige Leistungen der privaten Pflegeversicherung,
- Leistungen nach § 7 Unterhaltssicherungsgesetz (USG),
- Mehraufwendungs-Wintergeld (§ 212 SGB III),
- Leistungen zur Förderung der Arbeitsaufnahme (Mobilitätshilfen §§ 53 ff. SGB III – mindern ggf. die Werbungskosten),
- Pflegegeld (Aufwendungsersatz) nach § 23 SGB VIII – Kinder- und Jungendschutzgesetz – bei nicht gewerbsmäßiger Pflege (Einzelfallprüfung nach sechs Kindern),
- Schwerstbeschädigtenzulage (§ 31 Abs. 5 BVG),
- SED-Opfer-Kapitalentschädigung (Gesetz zur Bereinigung von SED-Unrecht § 16 Abs. 4),
- soziale Ausgleichsleistungen für SED-Opfer (§ 9 Abs. 1 Berufliches und 16 Abs. 4 Strafrechtliches Rehabilitationsgesetz),
- pauschale Eingliederungshilfe für Spätaussiedler aus der ehemaligen UDSSR, steuerfreie Aufwandsentschädigung aus öffentlichen Kassen für öffentliche Dienste im Rahmen des tatsächlichen Aufwands,
- Witwen- und Witwerrente für das sog. Sterbevierteljahr zu dem das Normalmaß übersteigenden Betrag,
- die vom Arbeitgeber zusätzlich zum Arbeitslohn gezahlten vermögenswirksamen Leistungen.

Zweckgebundene Einnahmen und Zuwendungen der freien Wohlfahrtspflege, die einem anderen Zweck als das Arbeitslosengeld II/Sozialgeld dienen, dürfen nur ausnahmsweise als Einkommen berücksichtigt werden, wenn daneben Leistungen nach dem SGB II ungerechtfertigt wären. Dies wäre z. B. der Fall, wenn die Einnahmen und Zuwendungen annähernd die Höhe des Bedarfs erreichen.

Leistungen, die wegen eines immateriellen Schadens gezahlt werden, sind ebenfalls nicht als Einkommen zu berücksichtigen.

Hierunter fällt insbesondere Schmerzensgeld nach § 253 BGB (soweit kein Vermögen), das aufgrund einer Verletzung des Körpers, der Gesundheit, der Freiheit oder der sexuellen Selbstbestimmung gewährt wird.

Weitere Beispiele für Leistungen, die nicht dem gleichen Zweck wie das Arbeitslosengeld II dienen, sind

- Ersatz von Sachleistungen,
- Aufwendungen infolge eines Unfalls,
- Mehrleistungen zur Verletztenrente durch die Berufsgenossenschaft für bestimmte Personengruppen, vornehmlich Personen, die ehrenamtlich tätig waren,
- Zinseinnahmen aus kapitalisierten Schadensausgleichsleistungen,
- Soforthilfe aus dem Fonds „Humanitäre Soforthilfe für HIV-Infizierte".

Werden Wohnraum und Heizung unentgeltlich zur Verfügung gestellt, handelt es sich hierbei ebenfalls nicht um

Einkommen in Geldeswert. Es besteht jedoch dann kein Bedarf an Kosten für Unterkunft und Heizung.

Darüber hinaus zählen nicht als Einkommen:

- einmalige Einnahmen und Einnahmen, die in größeren als monatlichen Zeitabständen anfallen, wenn sie für jedes Mitglied der Bedarfsgemeinschaft jährlich 50 Euro nicht übersteigen (z. B. Erträge, Zinsen, die nur einmal fällig werden und die Bagatellgrenze nicht überschreiten);
- Geschenke und sonstige Zuwendungen Dritter, die einem anderen Zweck als die Leistungen nach dem SGB II dienen, soweit sie die Lage des Empfängers nicht so günstig beeinflussen, dass daneben Leistungen der Grundsicherung für Arbeitsuchende nicht gerechtfertigt wären. Dies sind z. B.
  - Zuwendungen aus Haushaltmitteln des Bundespräsidenten,
  - Ehrensold für Künstler,
  - Zuwendungen der Künstlerhilfe,
  - nicht steuerpflichtige Einnahmen einer Pflegeperson für Leistungen der Grundpflege und der hauswirtschaftlichen Versorgung:
    - Pflegegeld anstatt Pflegesachleistungen zur häuslichen Pflegehilfe (§ 36 Abs. 1 SGB XI), wenn damit die häusliche Pflege sicherstellt wird,
    - Pflegegeld aus privater Pflegeversicherung (§§ 23 Abs. 1, 110 Abs. 1 Nr. 1 SGB XI),

- Pauschalbeihilfe nach den Beihilfevorschriften bei häuslicher Pflege, jedoch nicht Geldleistungen nach § 37 Abs. 4 SGB V.

Dies gilt jedoch nur bei Pflege von Angehörigen. Angehörige sind der Ehegatte oder der Verlobte, Geschwister, Verwandte und Verschwägerte sowie Geschwister des Ehegatten und Ehegatten und Kinder von Geschwistern, auch Pflegeeltern und Pflegekinder. Eine sittliche Verpflichtung kann auch infolge innerer Bindungen z. B. als Stiefkind, Partner in eheähnlicher Gemeinschaft oder langjährige Haushaltshilfe angenommen werden, insbesondere bei Vorliegen einer Haushaltsgemeinschaft. Im Übrigen kommt es vornehmlich auf langjährige Beziehungen oder soziale Bindungen an, z. B. bei Nachbarn.

— Auslandsverwendungszuschlag (§ 8 f. Wehrsoldgesetz) und Leistungszuschlag (§ 8 Wehrsoldgesetz) bei Soldaten (Reservisten),

— die aus Mitteln des Bundes gezahlte Überbrückungsbeihilfe an ehemalige Arbeitnehmer der NATO-Truppen, bis zum 31.12.2007 die EU-rechtliche Übergangsbeihilfe für ehemalige Arbeitnehmer der Eisen- und Stahlindustrie. Hierbei gilt die dem Entlassenen vom Unternehmen gewährte Übergangsbeihilfe jedoch nur in Höhe des Betrags, der dem Unternehmen von der Bundesagentur für Arbeit erstattet wird, nicht als Einkommen.

Grundsätzlich zählen zum Einkommen auch Unterhaltsansprüche. Sie müssen zumindest bestehende Unterhaltsansprüche (Urteil etc.) durchsetzen und nachweisen, wenn Sie diese nicht realisieren können.

Dies gilt jedoch nicht, wenn Sie mit dem Unterhaltspflichtigen in einer Bedarfsgemeinschaft leben oder mit diesem verwandt sind und die Ansprüche nicht geltend machen.

Auch müssen schwangere Kinder und solche, die ihr Kind bis zum sechsten Lebensjahr betreuen, ihre Unterhaltsansprüche gegen die Eltern nicht geltend machen.

Welche Beträge Sie von Ihrem anzurechnenden Einkommen abziehen können

Steuern

- Lohn-/Einkommensteuer
- Solidaritätszuschlag
- Kirchensteuer
- Gewerbesteuer
- Kapitalertragsteuer

Nicht absetzbar sind die sog. Verkehrssteuern (Mehrwertsteuer, Vermögensteuer etc.).

Pflichtbeiträge

Die Beiträge zu Pflichtversicherungen können Sie in der gesetzlich vorgeschriebenen Höhe von Ihrem Einkommen abziehen. Hierzu gehören

a) die Pflichtbeiträge zur gesetzlichen Sozialversicherung:

- Krankenversicherung,
- Pflegeversicherung,
- Rentenversicherung,
- Beiträge zur Arbeitsförderung,

b) die von versicherungspflichtigen Selbstständigen im Rahmen der Sozialversicherung gezahlten Pflichtbeiträge für die

- Altershilfe für Landwirte,
- Handwerkerversicherung,
- Unfallversicherung,

c) die Pflichtbeiträge zur Pflegeversicherung von freiwillig Krankenversicherten.

Gesetzlich vorgeschriebene und private Versicherungen

Ähnliche Einrichtungen sind Gemeinschaftseinrichtungen, die vergleichbare Risiken abdecken (z. B. Betriebsgemeinschaftskassen für zusätzliches Ruhegeld, Sterbekassen).

Gesetzlich vorgeschrieben sind

- Pflegeversicherung für privat Krankenversicherte (§ 23 SGB XI),
- Kfz-Haftpflichtversicherung,

- Haftpflichtversicherungen bei bestimmten Berufsgruppen, wie z. B. Anwaltshaftpflichtversicherung und Arzthaftpflichtversicherung,
- die Gebäudebrandversicherung.

Beiträge für diese Versicherungen können Sie in nachgewiesener Höhe von Ihrem Einkommen absetzen.

Vom Einkommen eines jeden Mitglieds einer Bedarfsgemeinschaft werden für angemessene private Versicherungen pauschal 30 Euro monatlich abgesetzt.

Zusätzlich können Sie vom Einkommen folgende Kosten abziehen, da sie nicht unter die Pauschale fallen: Aufwendungen für angemessene Versicherungen, die die Gesundheits- und Altersvorsorge der Mitglieder der Bedarfsgemeinschaft sichern, die nicht der gesetzlichen Krankenversicherungspflicht unterliegen und die von der gesetzlichen Rentenversicherung befreit sind.

Hierzu gehören z. B. freiwillige/private Krankenversicherung, Rentenversicherung, Unfallversicherung, Berufs- und Erwerbsunfähigkeitsabsicherung für Selbstständige/Freiberufler, Lebensversicherungen.

Grundsätzlich sind die genannten abzugsfähigen Beträge beim Einkommen der Person in Abzug zu bringen, die es erzielt. Reicht dieses Einkommen hierzu nicht aus, d. h. übersteigen die abzugsfähigen Beträge das Einkommen, kann der übersteigende Betrag vom Einkommen anderer Mitglieder der Bedarfsgemeinschaft abgezogen werden.

Beiträge zur Altersvorsorge

Beiträge für die staatliche Altersvorsorge (Riester-Rente) können vom Einkommen abgezogen werden. Dies gilt jedoch nur für die zertifizierten Altersvorsorgeverträge (Altersvorsorgeverträge-Zertifizierungsgesetz). Es kann nur der so genannte Mindesteigenbeitrag nach § 86 EStG berücksichtigt werden:

Grundsätzlich beträgt dieser Mindesteigenbeitrag

- im Jahr 2005 zwei Prozent,
- ab 2006 drei Prozent und
- ab 2008 vier Prozent

der Einnahmen des vorangegangenen Kalenderjahres. Von diesen Einnahmen sind die Grundzulage und Kinderzulagen abzuziehen.

> *Über den Mindesteigenbeitrag hinaus gezahlte Beiträge werden nicht mehr staatlich gefördert und können daher nicht mehr berücksichtigt werden.*

Werbungskosten

Werbungskosten können Sie nur dann abziehen, wenn Sie Erwerbseinkommen erzielen. Dies gilt insbesondere auch für den Pauschalbetrag.

Steuerlich anzuerkennende Werbungskosten können in dem unabwendbar notwendigen Umfang berücksichtigt werden. Dies sind beispielsweise

- Kosten der doppelten Haushaltsführung (Absetzung in Höhe von 20 Prozent der steuerlichen Absetzbeträge),
- Beiträge zu Berufsverbänden und Gewerkschaften,
- Aufwendungen des Arbeitnehmers für Arbeitsmaterial, Berufskleidung, Arbeitsmittel,
- Kinderbetreuungskosten,
- Bewerbungskosten,
- Fahrtkosten,
- Fachliteratur,
- Fortbildung,
- IT/Telefon,
- Reisekosten,
- Umzugskosten,
- Unfallkosten,
- Werkzeuge.

Von Einkommen aus unselbstständiger Erwerbstätigkeit sind als Werbungskosten folgende Pauschbeträge anzusetzen:

- monatlich ein Sechzigstel der steuerrechtlich geltenden Werbungskostenpauschale (ab 1.1.2005: 15,33 € monatlich) und zusätzlich
- 0,06 Euro für jeden Entfernungskilometer der kürzesten Straßenverbindung für Wegstrecken zur Ausübung der Erwerbstätigkeit.

Weisen Sie höhere notwendige Ausgaben nach, können diese berücksichtigt werden. Die Werbungskosten sind nur bei der Person abzusetzen, die das Erwerbseinkommen erzielt.

Beispiel: Abzüge von Nebeneinkommen

Nebentätigkeit, netto monatlich	250,00 €
./. Werbungskostenpauschale	15,33 €
./. Pauschale gem. AlgII-VO für Haftpflicht- und Hausratversicherung	30,00 €
Summe	204,67 €

Von dieser Summe ist ein weiterer Freibetrag von 15 Prozent = 30,70 € abzuziehen (s. u.), sodass nur ein Nebeneinkommen von 173,97 € und nicht ein Nebeneinkommen von 250,00 € angerechnet wird.

Berechung der Freibeträge

Haben Sie nun Ihr Einkommen ermittelt und von diesem zunächst die oben genannten Beträge abgezogen, ziehen Sie nun einen weiteren Freibetrag ab. Dieser Freibetrag wird nur gewährt, wenn Sie Erwerbseinkommen erzielen, also nicht für Erwerbsminderungsrenten. Es handelt sich um einen pauschalen Freibetrag, der sich nach dem Bruttoeinkommen bemisst. Dieser beträgt bei einem Bruttolohn

- bis zu 400 Euro 15 Prozent,
- für den Teil des Bruttolohns, der zwischen 400 und 900 Euro liegt zusätzlich 30 Prozent,
- für den Teil des Bruttolohns über 900 bis zu 1.500 Euro zusätzlich 15 Prozent.

Der konkrete Freibetrag errechnet sich jedoch nicht aus dem Bruttoeinkommen, sondern aus dem Bruttoeinkommen nach den oben genannten Abzügen.

Erzielen Sie oder Ihr in der Bedarfsgemeinschaft lebender Partner ein Einkommen von brutto mehr als 400 Euro, wird die Berechnung sehr kompliziert. Die Berechnung des Freibetrags bei Bruttoeinkommen von über 400 Euro wird deshalb wie folgt vorgenommen:

1 Im ersten Schritt wird anhand des Bruttoeinkommens ermittelt, welcher pauschale Freibetrag gewährt wird.
2 Im zweiten Schritt wird das „Nettoeinkommen" (Bruttoeinkommen abzüglich der oben genannten Beträge für Steuern, Werbungskosten, Versicherungen etc.) ermittelt.

Aus dem Verhältnis dieser beiden Zahlen wird eine Quote errechnet.

Beispiel:
Bei einem Brutto-Erwerbslohn von 1.100,00 Euro beträgt das Netto-Einkommen aufgrund der o. g. Absetzbeträge 830,00 Euro. Das Verhältnis (die Quote) zwischen Brutto und Netto beträgt also rund 0,775.

Anhand dieser Quote wird dann in einem zweiten Schritt das fiktive Nettoeinkommen der einzelnen Stufen (Bruttoeinkommen bis 400 Euro, über 400 bis 900 Euro, 900 bis 1.500 Euro) errechnet. Die in diesem Beispiel errechnete Quote von 0,775 wird als einheitlicher Satz auf alle drei Stufen bezogen, also

1. Stufe (0 – 400 Euro): 400,00 Euro × 0,775,

2. Stufe (400,01 – 900 Euro): 500,00 Euro × 0,775

3. Stufe (900,01 – 1.100 Euro): 200,00 Euro × 0,775.

Aus den sich so ergebenden Nettobeträgen werden sodann die Freibeträge entsprechend den einzelnen Stufen ermittelt.

Beispiel:
Bruttolohn = 1.100 Euro, Bruttoeinkommen abzüglich der oben genannten Abzüge (Werbungskosten, Pauschale etc.) = 830 Euro.

Quote aus Netto und Brutto: 0,775 (830 : 1.100) Errechnung der Nettobeträge pro Freibetragsstufe durch Multiplikation mit Quote:

– Nettobetrag für erste Stufe von 0 bis 400 Euro:
  0,775 × 400 Euro = 310 Euro

– Nettobetrag für die zweite Stufe von 400,01 bis 900 Euro:
  0,775 × 500 Euro = 387,50 Euro

– Nettobetrag für die dritte Stufe von 900,01 bis 1100 Euro:
  0,775 × 200 Euro = 155,00 Euro

Da sich der Freibetrag aus dem Nettobetrag errechnet, ergibt sich somit folgender Freibetrag:

15 % aus 310,00 =	46,50
30 % aus 387,50 =	116,25
15 % aus 155,00 =	23,25
insgesamt =	186,00

Vom bereinigten Nettoeinkommen (830 Euro) werden also nur 644,00 Euro (830 ./. 186) auf den Bedarf angerechnet.

Beispielsberechnung zum Arbeitslosengeld II/Sozialgeld
Vorbemerkung: Zunächst wird unabhängig vom Einkommen der Bedarf (Lebensunterhalt + Unterkunftskosten) ermittelt.

Es handelt sich um eine Familie mit zwei Kindern, sie hat keine Arbeit. Er verdient brutto 1.100,00 Euro. Nach Abzug der entsprechenden Beträge (s. o.) verbleibt ein Einkommen von 830,00 Euro. Von diesem Einkommen wird jedoch nur ein Betrag von 644,00 Euro angerechnet.

Der Bedarf errechnet sich wie folgt:

Wie errechnet sich mein Bedarf?

    298 Euro für Vater (Arbeitslosengeld II)
+ 298 Euro für Mutter (Arbeitslosengeld II)
+ 199 Euro für die 12-jährige Tochter (Sozialgeld)
+ 265 Euro für die 14-jährige Tochter (Sozialgeld)
+ <u>440 Euro für ortsübliche angemessene Miete und Heizkosten</u>
= 1.500 Euro Gesamtbedarf (das muss die Familie mindestens zum Leben haben)

hiervon werden abgezogen:

./. 308 Euro Kindergeld
<u>./. 644 Euro anzurechnendes Einkommen (Berechung siehe oben)</u>
= 548 Euro erhält die Familie als Arbeitslosengeld II

Zusammen mit dem Nettoverdienst des Ehemannes und dem Kindergeld hat die Familie 1.686 Euro im Monat (netto 830 Euro + Kindergeld 308 Euro + Arbeitslosengeld II/Sozialgeld 548 Euro).

Achtung: Auf den Bedarf der Kinder werden sowohl das Kindergeld als auch eventuelle Unterhaltszahlungen angerechnet. Ergibt dies zusammen einen Betrag, der den Bedarf des Kindes übersteigt, wird das Kindergeld als Einkommen der Eltern berücksichtigt, jedoch nicht die Unterhaltszahlungen.

Unterstellt man, es handle sich um ein Ehepaar und der Regelsatz betrage zusammen 596 Euro, die Unterkunftskosten 350 Euro, ergibt sich nachfolgende Rechnung

2 × Regelsatz 298		596
Unterkunftskosten	+	350
Bedarf	=	946
abzüglich Nettoeinkommen	./.	830
Zwischensumme	=	116
<u>zuzüglich Freibetrag</u>	+	<u>183</u>
Arbeitslosengeld II	=	299

Beispiel Alleinstehender:

Regelsatz			331
Unterkunftskosten		+	250
Bedarf		=	581
Verdienst	400,00		
./. Werbungskostenpauschale	15,33		
./. Pauschale gem. AlgII-VO für Haftpflicht- und Hausratversicherung	30,00		
Zwischensumme	344,67		
abzüglich Freibetrag 15 % von 344,67	51,70		
angerechnet werden	292,97		
angerechnet werden		./.	292,97
ausgezahlt werden		=	**288,03**

Zur Verfügung stehen also 688,03 Euro (400 Euro Verdienst + 288,03 ALG II).

Muss ich mein Vermögen verwerten?

Das Gesetz unterscheidet zwischen geschütztem Vermögen, das Sie überhaupt nicht verwerten müssen, und Vermögen, dessen **sofortige** Verwertung unzumutbar ist.

- Ist das Vermögen geschützt, darf es überhaupt nicht berücksichtigt werden,
- ist nur die sofortige Verwertung unzumutbar, wird Arbeitslosengeld II als Darlehen gewährt; das Vermögen dient dann als Pfand/Sicherheit und fällt irgendwann dem Staat zu.

Ist verwertbares Vermögen vorhanden, müssen Sie dieses nur einsetzen, wenn der Freibetrag überschritten ist.

Welche Freibeträge werden gewährt?

Als Freibetrag wird gewährt:

- Der Grundfreibetrag beträgt jeweils 200 Euro je vollendetem Lebensjahr des Arbeitsuchenden und seines Partners, mindestens aber jeweils 4.100 Euro, höchstens jeweils 13.000 Euro.
- Für erwerbsfähige Arbeitslosengeld-II-Empfänger und deren Partner, die bis zum 1.1.1948 geboren sind, beträgt der Grundfreibetrag jeweils 520 Euro je vollendetem Lebensjahr, höchstens jeweils 33.800 Euro. Für Kinder beträgt der Grundfreibetrag ab Geburt 4.100 Euro.
- Ein weiterer Freibetrag für die Altersvorsorge beträgt 200 Euro je vollendetem Lebensjahr des erwerbsfähigen Hilfebedürftigen und seines Partners, höchstens jedoch jeweils 13.000 Euro, Voraussetzung ist aber, dass das Vermögen nicht vor Eintritt in den Ruhestand ausgezahlt, übertragen, verpfändet oder sonst wie genutzt werden kann.
- Bei der „Riester-Rente" ist zu beachten, dass nur der geförderte Betrag geschützt ist, nicht darüber hinausgehende freiwillige Zahlungen.
- Der Freibetrag für einmalige Bedarfe (Kleidung, Möbel, Hausrat, Haushaltsgeräte, ...) beträgt 750 Euro für jede Person der Bedarfsgemeinschaft.

Wollen Sie die Freibeträge ausschöpfen, beachten sie Folgendes:

- Haben Sie bestehende Lebensversicherungsverträge oder eine Unfallversicherung mit Beitragsrückgewähr, müssen Sie vor Antragstellung des Arbeitslosengeldes II mit dem Versicherer schriftlich einen Ausschluss der Verwertung vor dem Rentenbeginn vereinbaren. Dies ist nur notwendig, wenn Sie bereits den Grundfreibetrag ausgeschöpft haben und den zusätzlichen Altersvorsorgebeitrag in Anspruch nehmen wollen.

- Haben Sie keine weiteren Vermögenswerte, prüfen Sie, ob der Rückkaufswert Ihrer Lebensversicherung den Grundfreibetrag und den Freibetrag für Altersvorsorge übersteigt. Nur der übersteigende Betrag ist verwertbares Vermögen. Kündigen Sie nicht vorschnell ihre Versicherung. Machen Sie eine Bestandsaufnahme Ihres sämtlichen Vermögens und lassen Sie sich dann beraten.

Was ist „geschütztes Vermögen"?

Folgendes Vermögen ist geschützt (als Vermögen ist nicht zu berücksichtigen):

- angemessener Hausrat,
- ein angemessenes Kraftfahrzeug für jeden in der Bedarfsgemeinschaft lebenden erwerbsfähigen Hilfebedürftigen,
- vom Inhaber als für die Altersvorsorge bestimmt bezeichnete Vermögensgegenstände in angemessenem Umfang, wenn der erwerbsfähige Hilfebedürftige oder sein Partner

von der Versicherungspflicht in der gesetzlichen Rentenversicherung befreit sind,

- ein selbst genutztes Hausgrundstück von angemessener Größe oder eine entsprechende Eigentumswohnung,
- Vermögen, solange es nachweislich zur baldigen Beschaffung oder Erhaltung eines Hausgrundstücks von angemessener Größe bestimmt ist, soweit dieses zu Wohnzwecken behinderter oder pflegebedürftiger Menschen dient oder dienen soll und dieser Zweck durch den Einsatz oder die Verwertung des Vermögens gefährdet würde,
- Sachen und Rechte, soweit ihre Verwertung offensichtlich unwirtschaftlich ist oder für den Betroffenen eine besondere Härte bedeuten würde,
- Vermögensgegenstände, die zur Aufnahme und Fortsetzung der Berufsausbildung oder der Erwerbstätigkeit unentbehrlich sind.

Für die Angemessenheit sind die Lebensumstände während des Bezugs der Leistungen zur Grundsicherung für Arbeitsuchende maßgebend.

Das Vermögen wird mit seinem Verkehrswert berücksichtigt. Für die Bewertung ist der Zeitpunkt maßgebend, in dem der Antrag auf Bewilligung oder erneute Bewilligung der Leistungen der Grundsicherung für Arbeitsuchende gestellt wird, bei späterem Erwerb von Vermögen der Zeitpunkt des Erwerbs. Wesentliche Änderungen des Verkehrswerts werden berücksichtigt.

Hausrat

Was zum Hausrat gehört, bemisst sich nach den Lebenserfahrungen unter Berücksichtigung der besonderen Lage des Einzelfalls. Es muss sich um Gegenstände handeln, die zur Haushaltsführung und zum Wohnen notwendig oder zumindest üblich sind.

Kraftfahrzeug

Ein angemessenes Auto für jeden Erwerbsfähigen der Bedarfsgemeinschaft oder ein Motorrad zählen nicht als Vermögen. Ob ein Kfz angemessen ist, bestimmt sich nach den Umständen des Einzelfalls (Größe der Bedarfsgemeinschaft, Anzahl der Kfz im Haushalt, Zeitpunkt des Erwerbs). Ist ein Verkaufserlös abzüglich ggf. noch bestehender Kreditverbindlichkeiten von maximal 5.000 Euro erreichbar, gilt dieses Kfz grundsätzlich nicht als verwertbar, in diesem Fall erfolgt keine Einzelprüfung.

Zur Bewertung werden die Werttabellen über Gebrauchtwagen herangezogen. Wird ein Kfz nicht als angemessen angesehen, zählt der übersteigende Wert als Vermögen und wird ggf. im Rahmen der Vermögensfreibeträge berücksichtigt.

Altersvorsorge bei Befreiung von Versicherungspflicht

Sind Sie oder Ihr Partner von der Versicherungspflicht in der gesetzlichen Rentenversicherung befreit und weisen Sie nach, dass bestimmte Sachen und Rechte der Alterssicherung dienen, ist dieses Vermögen nicht zu berücksichtigen.

Es muss klar erkennbar sein, dass das Vermögen für die Alterssicherung bestimmt ist. Ein Nachweis kann z. B. die Vorlage einer Versicherungspolice über eine Kapital bildende Lebensversicherung sein. Ist der Nachweis der Alterssicherung erbracht, wird das Vermögen unabhängig von der Höhe nicht berücksichtigt. Darüber hinaus muss die Befreiung von der Versicherungspflicht vorliegen.

Immobilien

Als angemessenes Grundstück wird bei einem Haushalt von bis zu vier Personen eine Wohnfläche von bis zu 130 qm erachtet. Im Übrigen richtet sich die Angemessenheit nach den Lebensumständen im Einzelfall, insbesondere der Zahl der im Haushalt lebenden Personen. Wohnen mehr als vier Personen im Haushalt, ist von einem zusätzlichen Bedarf von mindestens 15 qm pro Person auszugehen.

Bei der Grundstücksgröße ist bei frei stehenden Häusern eine Fläche von bis zu 500 qm im städtischen und 800 qm im ländlichen Bereich angemessen, bei einem Reihenhaus bis zu 250 qm, bei einer Doppelhaushälfte bzw. einem Reihenendhaus bis zu 350 qm, soweit nicht der maßgebliche Bebauungsplan höhere Werte festlegt.

Ist die Größe einer selbst genutzten Immobilie nicht angemessen, wird Verwertung von eigentumsrechtlich abtrennbaren Gebäude- oder Grundstücksbestandteilen vorrangig durch Verkauf oder Beleihung verlangt, z. B. durch Bildung in sich abgeschlossener Eigentumswohnungen oder Teilung des Grundstücks.

Ist die Wohnfläche nicht in abgeschlossene Wohneinheiten aufgeteilt, kann vom Hilfebedürftigen in der Regel nicht erwartet werden, sein selbst bewohntes Grundstück zu verkaufen, um an anderer Stelle ein neues Grundstück mit einem vorhandenen oder noch zu bauenden Gebäude zu kaufen. Der Hilfebedürftige muss jedoch eine sonstige Verwertung nutzen (z. B. zimmerweise Vermietung).

Der Vermögenswert wird unabhängig von der Dauer einer Veräußerung ab Antragstellung auf das Arbeitslosengeld II angerechnet.

Wenn eine Immobilie nicht selbst genutzt ist, ist sie vorrangig durch Verkauf (Verkehrswert abzüglich dinglich gesicherter Verbindlichkeiten) oder Beleihung zu verwerten. Es wird also kein Arbeitslosengeld II gezahlt, allenfalls kann man ein Darlehen erhalten, wenn die sofortige Verwertung unzumutbar ist.

Sofern Sie ein Wochenendhaus (eine Datscha) besitzen, gepachtet oder gemietet haben, kann dies als Vermögen nur unter Wertung aller Umstände im Einzelfall erfolgen (für den in den neuen Ländern aufgrund des Schuldrechtsanpassungsgesetzes geltenden Sonderfall, nach dem der Eigentümer des Grundstücks und der Datscha auseinander fallen können, muss im Einzelfall geprüft werden, ob eine Kündigung des Nutzungsvertrags überhaupt zu möglichen Vermögenszuwächsen führen kann).

Auch für Kleingartenanlagen ist eine Einzelfallprüfung erforderlich.

Achtung: Unterschiedliche Verfahrensweisen je nach Zuständigkeit

Für die verschieden Leistungen im Rahmen der Grundsicherung für Arbeitsuchende sind unterschiedliche Träger zuständig. Zwar werden grundsätzlich alle Leistungen von der Bundesagentur gezahlt, die Kosten für Unterkunft und Heizung jedoch von den Kommunen. Somit bestimmen die Kommunen, was angemessener Wohnraum ist bzw. welche Kosten für Unterkunft und Heizung übernommen werden. Die Bundesagentur kann hierüber keine verbindliche Aussage treffen.

Zur Abstimmung der Erbringung der Leistungen arbeiten die Agenturen für Arbeit, Gemeinden, Kreise und Bezirke zusammen. Es kann deshalb zu unterschiedlichen Verfahrensweisen kommen. So werden die angemessen Kosten für Unterkunft und Heizung bei einem selbst bewohnten, geschützten Eigenheim in verschiedenen Städten derzeit unterschiedlich betrachtet. Eine Eigentumswohnung oder ein Haus gilt bei einem Ein-Personen-Haushalt als geschütztes Vermögen, wenn die Wohnfläche nicht mehr als 130 Quadratmeter beträgt. Die angemessene Wohnfläche für einen Ein-Personen-Haushalt beträgt jedoch in der Regel nur 45 bis 50 Quadratmeter. Da bei selbst genutztem Wohneigentum die mit dem Wohnen verbunden Kosten, wie notwendige Versicherungen, Grundsteuern, öffentliche Abgaben (z. B. Kanal- und Müllgebühren etc.) sowie eventuelle Zinsen übernommen werden, kommt es zu unterschiedlichen Anwendungen. Einige Städte übernehmen auch bei einem Ein-Personen-

Haushalt z. B. die gesamten Kosten für eine 130-Quadratmeter-Wohnung, während andere nur den Anteil für die angemessene Wohnungsgröße von 45 bis 50 Quadratmeter übernehmen bzw. den Betrag, der für eine angemessene Mietwohnung übernommen würde.

Ein ähnliche Problematik der unterschiedlichen Anwendung kann sich bei im Gesetz nicht eindeutig geregelten Begriffen ergeben, z. B. bei der Unzumutbarkeit der Verwertung des Vermögens. Übernehmen Kommunen die Verwaltung und Auszahlung des Arbeitslosengeldes II, sind diese nicht an die (internen) Vorgaben der Bundesagentur gebunden. Weder im Gesetz noch in irgendeiner Rechtsverordnung ist geregelt, wann die Verwertung einer Lebensversicherung oder von Immobilieneigentum unzumutbar ist. Nach den internen Arbeitshinweisen der Bundesagentur, die insofern die bisherigen Durchführungsanweisungen übernehmen, soll eine Verwertung einer Lebensversicherung dann unzumutbar sein (also überhaupt nicht als Vermögen angerechnet werden), wenn der Rückkaufswert geringer als 90 Prozent der eingezahlten Beiträge ist. Entsprechendes soll beim Verkauf von nicht selbst genutzten Immobilien gelten.

Beschaffung und Erhaltung einer Immobilie für Wohnzwecke behinderter oder pflegebedürftiger Menschen

Die Beschaffung eines Hausgrundstücks einschließlich einer Eigentumswohnung ist nicht nur der Kauf oder der Neubau, sondern auch der Aus- oder Anbau, der Abschluss eines Erbbauvertrags oder der Erwerb eines Dauerwohnrechts sowie auch die zwecksentsprechende Ausstattung. Die Erhaltung umfasst das Instandsetzen und Instandhalten, worunter auch zweckdienliche Verbesserungen (z. B. umweltgerechte Heizungsanlage, Wärmeisolierung) fallen, nicht aber reine Verschönerungsmaßnahmen.

Baldig bedeutet, dass die Beschaffungs- oder Erhaltungsmaßnahme in einem absehbaren Zeitraum geplant ist, in dem sie den begünstigten Personen aller Voraussicht nach auch wirksam zugute kommen wird. Ein Kaufvertrag sollte jedoch spätestens innerhalb eines Jahres abgeschlossen werden bzw. die Erhaltungsmaßnahme sollte in dieser Zeitspanne begonnen werden. Der Jahreszeitraum ist entsprechend zu verlängern, solange zwingende rechtliche Gründe der Maßnahme entgegenstehen.

Die konkrete Absicht und Planung müssen plausibel dargestellt werden. Als Nachweis kommen z. B. in Betracht: Baupläne, Finanzierungspläne und -zusagen, Verträge mit Baugesellschaften, Aufträge an Handwerker, Architekten.

Der Vermögensschutz entfällt, wenn der Wohnzweck für die behinderte Person nicht mehr erreichbar ist, z. B. weil sie dauernd in einer Einrichtung aufgenommen werden muss oder die Bauabsicht aufgegeben wird.

Eine Gefährdung des geplanten Zweckes (Beschaffung und Erhaltung einer Immobilie für Wohnzwecke behinderter oder pflegebedürftiger Menschen) liegt insbesondere vor, falls ohne die Privilegierung des Vermögens das Vorhaben auf nicht absehbare Zeit aufgeschoben werden müsste, die laufenden Belastungen unzumutbar erhöht oder die Kosten erheblich steigen würden.

Unwirtschaftlichkeit/besondere Härte

1 Die Verwertung von Sachen und Rechten ist nicht offensichtlich unwirtschaftlich, wenn im Ergebnis unter Berücksichtigung der Verwertungskosten der Verkehrswert nur geringfügig (bis zehn Prozent) unter dem Substanzwert (Summe der eingezahlten Beträge) liegt. Zukünftige Gewinn-/Renditeaussichten können nicht berücksichtigt werden.

Bei einer Vermögensanlage in Aktien, Aktienfonds oder ähnlichen Anlagen (insbesondere solche mit Tageskurs) ist aber aus der Anlageform heraus ein gewisses Risiko gegeben. Die Übernahme dieses Risikos würde bei einer Nichtberücksichtigung praktisch durch die Grundsicherung für Arbeitsuchende erfolgen. Solche Anlagen sind daher unabhängig vom früheren Kaufpreis als Vermögen zu berücksichtigen.

2 Von der Verwertung von Vermögenswerten, die nicht durch die o. g. Freibeträge und sonst als geschütztes Vermögen gelten, kann abgesehen werden, wenn dies für den Hilfebedürftigen eine unbillige Härte bedeuten würde. Die Unbilligkeit kann sich sowohl aus den besonderen Lebensumständen des Hilfebedürftigen als auch aus der Herkunft des Vermögens ergeben, z. B. besondere Familien- und Erbstücke oder Vermögensrückstellungen für

eine würdige Beerdigung und Grabpflege (Bestattungssparbuch, Treuhandvermögen oder Dauerpflegevertrag).

Berufsausbildung/Erwerbstätigkeit

Privilegiert sind auch Vermögensgegenstände, die nicht schon

- durch die o. g. Freibeträge nach und sonst als geschütztes Vermögen gelten und die
- für die Aufnahme oder Fortsetzung einer Berufsausbildung oder der Erwerbstätigkeit unentbehrlich sind.

So soll vermieden werden, dass Vermögensgegenstände verwertet werden, die später ggf. über Leistungen zur beruflichen Eingliederung wieder beschafft werden müssten.

Verkehrswert

1 Das Vermögen ist ohne Rücksicht auf steuerrechtliche Vorschriften mit seinem Verkehrswert zu berücksichtigen. Unter dem Verkehrswert ist der Geldbetrag zu verstehen, der durch eine Verwertung des Vermögensgegenstands im freien Geschäftsverkehr zu erzielen ist.

2 Bei Kapital bildenden Lebensversicherungen ist demnach der aktuelle Rückkaufswert (Auszahlungsbetrag unter Berücksichtigung von Gebühren und Kosten) anzusetzen.

3 Bei der Feststellung des Werts einer Immobilie sind dingliche Belastungen (Grundschulden, Hypotheken und Nießbrauch) zu berücksichtigen. Andere Verbindlichkeiten bleiben außer Betracht.

4 Als Nachweis für den Verkehrswert von Immobilien sind nur Kaufverträge oder Verkehrswertgutachten zu akzeptieren, die nicht älter als drei Jahre sind. Ist der Verkehrswert einer Immobilie nicht auf diese Weise nachzuweisen, kann bei unbebauten Grundstücksflächen auch auf die von den Kommunen herausgegebenen Bodenrichtwerttabellen zurückgegriffen werden. Bei bebauten Grundstücksflächen oder einer Eigentumswohnung sind Auskünfte aus der Kaufpreissammlung der Gutachterausschüsse bei den Kataster- und Vermessungsämtern einzuholen. Ausnahmsweise kann auch der zuständige kommunale Gutachterausschuss um ein Verkehrswertgutachten ersucht werden.

5 Legt der Antragsteller Unterlagen vor, die als Nachweis für die Verkehrswertermittlung nicht geeignet sind und ergibt sich aus der Bodenrichtwerttabelle/Kaufpreissammlung ein bis zu zehn Prozent abweichender Verkehrswert, sind die Angaben des Antragstellers zu akzeptieren. Solche Unterlagen können z. B. die Vorlage von Schätzungen von Immobilienmaklern etc. sein.

6 Der Zeitpunkt der Bewertung richtet sich nach der Antragstellung. Wird die Verwertung eines Vermögensgegenstands erst später möglich, so ist der Zeitpunkt maßgebend, von dem an alle Voraussetzungen für eine Verwertung vorliegen. In diesen Fallen kann eine Gewährung von Darlehen in Betracht kommen. Dies kann z. B. der Fall sein, wenn ein nicht selbst bewohntes Grundstück derzeit keinen Käufer findet und eine Beleihung durch ein Kreditinstitut auch nicht möglich ist

Unklar ist, was mit Sachen und Rechten gemeint ist, deren Verwertung offensichtlich unwirtschaftlich ist oder für den Betroffenen eine besondere Härte bedeuten würde. Die bisherige Härteregelung stellt nach der Rechtsprechung auf ungewöhnliche Fälle ab, bei denen aufgrund des Einzelfalls (z. B. Art, Schwere und Dauer der Hilfe, Alter, Familienstand, sonstige Belastungen des Vermögensinhabers und seiner Angehörigen) eine typische Vermögenslage die soziale Stellung des Hilfebedürftigen (Arbeitslosengeld-II-Empfängers) – insbesondere wegen einer Behinderung oder Pflegebedürftigkeit (auch der Angehörigen) – nachhaltig beeinträchtigt ist.

Unzumutbarkeit der sofortigen Verwertung

Vermögen, das über dem Freibetrag liegt, müssen Sie grundsätzlich verwerten. Ist die sofortige Verwertung unzumutbar, müssen Sie dieses Vermögen zwar nicht verwerten (verkaufen), aber das Arbeitslosengeld II wird Ihnen dann womöglich als Darlehen gewährt.

Beispiel:
Die sofortige Verwertbarkeit einer Lebensversicherung, bei deren Auflösung man einen Verlust von mehr als zehn Prozent erleidet, ist nicht zumutbar. Entsprechendes gilt für einen Bausparvertrag, der noch nicht aufgelöst werden kann, und einen Miteigentumsanteil an einem Grundstück/Haus, in dem man nicht wohnt. (Eventuell ist sogar die Verwertung vollkommen unzumutbar, dies muss im Einzelfall in der Beratung geklärt werden.)

Einsatz des Vermögens zum Lebensunterhalt

Verfügen Sie über Vermögen, das über dem Freibetrag liegt, müssen Sie dieses zunächst zu Ihrem eigenen Unterhalt und zum Unterhalt der Bedarfsgemeinschaft verwenden, bis es auf den Freibetrag abgeschmolzen ist.

Das den Freibetrag übersteigende Vermögen müssen Sie auch für den Unterhalt Ihres Partners der Bedarfsgemeinschaft einsetzen. Eltern müssen ihr Vermögen auch für den Unterhalt ihrer im Haushalt lebenden Kinder verwenden. Nach dem Gesetzeswortlaut müssen die minderjährigen Kinder zunächst ihr Einkommen und Vermögen nicht für den Unterhalt ihrer Eltern aufwenden. Sind im Haushalt Kinder vorhanden und haben diese Vermögen, das über dem Freibetrag liegt, darf dieses nicht für den Unterhalt der Eltern eingesetzt werden.

Folgendes Vermögen wird beim Arbeitslosengeld II berücksichtigt: Vermögen

- des Antragstellers selbst und
- des nicht dauernd getrennt lebenden Ehepartners (Lebenspartners) oder des „eheähnlichen" Partners,
- der Verwandten und Verschwägerten, die mit dem Bedürftigen in einer Haushaltsgemeinschaft leben, soweit von deren Einkommensverhältnissen her erwartet werden kann, dass diese dem Hilfebedürftigen Unterhaltsleistungen zukommen lassen.

Folgendes Vermögen wird beim Sozialgeld (siehe oben) für minderjährige unverheiratete Kinder, die mit ihren Eltern oder einem Elternteil in einer Bedarfsgemeinschaft leben, berücksichtigt:

- das Vermögen der Eltern oder des Elternteils,
- das Vermögen von Verwandten und Verschwägerten, die mit dem Bedürftigen einen gemeinsamen Haushalt teilen, soweit von deren Einkommensverhältnissen her erwartet werden kann, dass diese dem Hilfebedürftigen Unterhaltsleistungen zukommen lassen

Das Vermögen der Eltern oder des Elternteils ist nicht zu berücksichtigen, wenn das Kind schwanger ist oder sein Kind bis zum sechsten Lebensjahr betreut.

Wann muss ich Zahlungen zurückerstatten?

Wenn Sie vorsätzlich oder grob fahrlässig Ihre Hilfebedürftigkeit herbeigeführt haben, ohne hierfür einen wichtigen Grund zu haben, müssen Sie das Arbeitslosengeld II und die in diesem Zusammenhang geleisteten Zahlungen zurückerstatten. Hier ist wohl an die Fälle gedacht, in denen jemand sein Vermögen verschleudert oder wegen Alkohol- oder Drogenkonsum bedürftig wird.

Was geschieht beim Tod eines Hilfebedürftigen?

Stirbt ein Hilfeempfänger und hat dieser Vermögen hinterlassen, z. B. im Rahmen der Freibeträge oder geschütztes Vermögen (s. S. 68), etwa ein geschütztes Haus oder eine geschützte Eigentumswohnung, so müssen die Erben die Leistungen, die in den letzten zehn Jahren erbracht worden sind, zurückzahlen. Dies gilt jedoch nur, wenn die erbrachten Leistungen mehr als 1.700 Euro betragen haben.

Der Umfang der Ersatzleistungen ist auf die Höhe der Erbschaft beschränkt. Ist der Erbe des verstorbenen Leistungsempfängers dessen Partner gewesen oder mit diesem verwandt und hat er mit diesem nicht nur vorübergehend bis zu dessen Tod in häuslicher Gemeinschaft gelebt und ihn gepflegt, so wird ein Freibetrag von 15.500 Euro gewährt.

Auf die Erben darf nicht zugegriffen werden, wenn nach der Besonderheit des Einzelfalls eine besondere Härte vorliegt. Dies dürfte dann der Fall sein, wenn der Erbe mit dem Hilfeempfänger im geschützten Wohneigentum gewohnt hat. Ansonsten kommt es auf die konkreten Verhältnisse an.

So füllen Sie Ihren Antrag aus

Der Antrag auf Arbeitslosengeld II ist aufgrund seiner Komplexität bereits vor Einführung der neuen Gesetze zu trauriger Berühmtheit gelangt. In diesem Kapitel erfahren Sie, wie Sie es richtig machen.

Das sollten Sie im Vorfeld beachten

Sie müssen das Antragsformular zunächst nicht ausfüllen, sondern können den Antrag auf Arbeitslosengeld II auch formlos, durch ein einfaches Schreiben oder durch Vorsprache beim Amt, stellen. Jedoch müssen Sie alle Angaben, nach denen gefragt wird, vollständig und richtig machen. Das ausgefüllte Formular können Sie dann nachreichen.

Kommen Sie mit den Fragen nicht zurecht, empfiehlt es sich deshalb, alle Angaben zum Einkommen, Vermögen und zu den in Ihrem Haushalt lebenden Personen (einschließlich deren Einkommen und Vermögen) auf einem extra Blatt zu notieren und mit den entsprechenden Belegen (Kontoauszügen, Lohn-/Gehaltszetteln, Mietverträgen etc.) beim Amt abzugeben.

Wenn Sie sich nicht sicher sind, wie Sie eine Frage beantworten sollen, müssen Sie den Mitarbeiter des Amtes fragen. Nehmen Sie sich dazu eventuell Zeugen mit oder lassen Sie sich schriftlich bestätigen, was Sie gefragt bzw. nicht verstanden haben. Haben Sie nämlich etwas falsch beantwortet, müssen Sie eventuell später nachweisen, dass Sie dem Mitarbeiter alles richtig gesagt haben.

Nachfolgend finden Sie Erläuterungen zu problematischen Punkten, auf die anderen wird nicht eingegangen. Auf jeden Fall müsen Sie alle Fragen beantworten. Trifft eine Frage für Sie nicht zu bzw. verneinen Sie, können Sie zur Verdeutlichung die entsprechende Antwort auch durchstreichen.

Hauptantrag und Zusatzblätter

I. Allgemeine Daten des Antragstellers/der Antragstellerin

Achtung: Füllen Sie in der Spalte „Straße, Haus-Nr. – ggf. bei wem –" aus, machen jedoch keine näheren Angaben zu II „Persönliche Verhältnisse" bzw. kreuzen bei III „Persönliche Verhältnisse der mit dem Antragsteller/der Antragstellerin in einem Haushalt lebenden weiteren Personen" (Seite 3 des Antrags) das Nein an, müssen Sie damit rechnen, dass nachgeforscht oder nachgefragt wird, da zunächst davon ausgegangen wird, dass Sie in einer Haushalts- oder Bedarfsgemeinschaft wohnen.

Vermögen oder Einkommen der Personen, mit denen Sie in einer Wohnung leben, werden in der Regel bei der Berechnung des Arbeitslosengeldes II mit berücksichtigt. Das Gesetz unterscheidet zwischen Bedarfsgemeinschaft und Haushaltsgemeinschaft.

Wer zählt zur Bedarfsgemeinschaft?

Zur Bedarfsgemeinschaft gehören

- die erwerbsfähigen Hilfebedürftigen,
- die im Haushalt lebenden Eltern oder der im Haushalt lebende Elternteil eines minderjährigen, unverheirateten erwerbsfähigen Kindes;
- der nicht dauernd getrennt lebende Ehegatte,

- die Person, die mit dem erwerbsfähigen Hilfebedürftigen in eheähnlicher Gemeinschaft lebt,
- der nicht dauernd getrennt lebende Lebenspartner,
- die dem Haushalt angehörenden minderjährigen unverheirateten Kinder des erwerbsfähigen Hilfebedürftigen oder seines Partners, soweit sie nicht aus eigenem Einkommen oder Vermögen die Leistungen zur Sicherung des Lebensunterhalts beschaffen können.

Wer zählt zur Haushaltsgemeinschaft?

Leben neben den Mitgliedern der Bedarfsgemeinschaft noch weitere Personen in Ihrem Haushalt bzw. leben weitere Personen mit Ihnen zusammen, die nicht zur Bedarfsgemeinschaft gehören, können diese zur Haushaltsgemeinschaft gehören. Der Begriff der Haushaltsgemeinschaft ist weiter gefasst als derjenige der Bedarfsgemeinschaft. Eine Haushaltsgemeinschaft liegt vor, wenn der erwerbsfähige Hilfebedürftige mit Verwandten oder Verschwägerten in einem gemeinsamen Haushalt lebt und sie gemeinsam wirtschaften.

Zu einer Haushaltsgemeinschaft, nicht aber zu einer Bedarfsgemeinschaft, gehören:

– Großeltern und Enkelkinder,
– Onkel, Tanten, Nichten und Neffen,
– Pflegekinder und Pflegeeltern,
– Geschwister, soweit sie ohne Eltern zusammenleben,

– sonstige Verwandte und Verschwägerte.

Nicht zu einer Haushaltsgemeinschaft gehören nicht verwandte Personen einer Wohngemeinschaft.

Beispiel:
Ein minderjähriges, unverheiratetes Kind, das zusammen mit seinen erwerbsfähigen Eltern in einer Bedarfsgemeinschaft lebt, vollendet das 18. Lebensjahr. Dies hat zur Folge, dass das Kind nun eine eigene Bedarfsgemeinschaft bildet. Es gehört jedoch weiterhin zur Haushaltsgemeinschaft der Eltern.

Von der Haushaltsgemeinschaft zu unterscheiden ist die Zweckgemeinschaft bzw. die Wohngemeinschaft. Dies sind Personen, die nicht zu einer Haushalts- oder Bedarfsgemeinschaft gehören, jedoch in einem „gemeinsamen Haushalt" wohnen. Deren Einkommen und Vermögen wird nicht zusammengerechnet, jedoch werden, soweit gemeinsame Kosten für die Unterkunft etc. getragen werden, diese natürlich nur anteilsmäßig berücksichtigt.

Seite 1 des Hauptantrags

Im Folgenden erfahren Sie, was Sie beim Ausfüllen der ersten Seite des Hauptantrags alles beachten müssen.

Kontoinhaber

Achtung: Geben Sie hier einen anderen Namen als Ihren eigenen als Kontoinhaber an, riskieren Sie ebenfalls Fragen nach einem/er Partner/in bzw. Haushaltsgemeinschaft. Richten Sie unbedingt ein eigenes Konto ein, ggf. bei einer anderen Bank/Sparkasse, sollte das bisherige Konto überzogen sein.

Familienstand

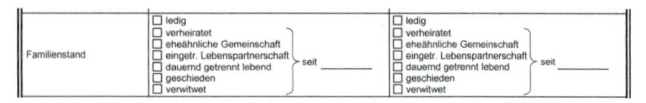

Die Angaben zum Familienstand sollen dazu dienen zu überprüfen, ob Unterhaltsansprüche des Hilfeempfängers gegeben sind (auch Witwer-/Witwenrente).

Achtung: Erhalten Sie Unterhalt, müssen Sie diese Zahlungen im Hauptantrag unter VI „Einkommensverhältnisse des Antragstellers/der Antragstellerin und der im Haushalt lebenden weiteren Personen" angeben, außerdem im Hauptantrag unter VIII „Unterhaltspflichtige Angehörige außerhalb der Hausgemeinschaft" und im Zusatzblatt 2 „Einkommenserklärung/Verdienstbescheinigung". Das Amt fragt automatisch nach Zahlungen bzw. Ansprüchen, wenn Sie Angaben zum Familienstand machen, die einen Unterhaltsanspruch vermuten lassen.

Die Fragen unter II „Persönliche Verhältnisse" in der dritten Spalte beziehen sich darauf, ob eine Bedarfsgemeinschaft (s. S. 85) besteht.

II. Persönliche Verhältnisse	
des Antragstellers / der Antragstellerin Ich bin ☐ allein stehend ☐ allein erziehende(r) Mutter/Vater Die Kinder sind in Abschnitt III einzutragen.	des Partners / der Partnerin des Antragstellers / der Antragstellerin nach Nr. ①, also des ☐ nicht dauernd getrennt lebenden Ehegatten ☐ Partners in eheähnlicher Gemeinschaft ☐ nicht dauernd getrennt lebenden Lebenspartners
①	②

Eheähnliche Lebensgemeinschaft

Eine eheähnliche Lebensgemeinschaft liegt vor, wenn eine so genannte Verantwortungs- und Einstehensgemeinschaft besteht. Eine geschlechtliche Beziehung zwischen beiden Partnern ist nicht Voraussetzung für das Vorliegen einer eheähnlichen Lebensgemeinschaft. Als Indizien kommen in Betracht und werden auch so von den Gerichten zu Ungunsten der Betroffenen anerkannt:

- lange Dauer des Zusammenlebens, z. B. mehr als ein Jahr,
- Versorgung gemeinsamer Kinder im gleichen Haushalt,
- Versorgung anderer Angehöriger im gleichen Haushalt,
- Mietvertrag wurde von beiden Partnern unterschrieben,
- über Einkommen und Vermögen des anderen kann verfügt werden, z. B. gemeinsames Girokonto,

- gegenseitige Unterstützung ist vertraglich vereinbart,
- gemeinsames Wirtschaften, Wäsche waschen etc.

Teilweise wird von einer eheähnlichen Lebensgemeinschaft ausgegangen, wenn der/die Freund(in)/Bekannte zwei- bis dreimal in der Woche übernachtet und sich sehr oft in der Wohnung aufhält.

Die Behörde muss das Vorliegen einer eheähnlichen Lebensgemeinschaft nachweisen, jedoch ist der Gegenbeweis oft schwierig zu führen. Die Behörde kann Hausbesuche verlangen, verweigert man dies, kann das negativ ausgelegt werden.

Als Hilfeempfänger müssen Sie nachweisen, dass keine gegenseitige Unterstützung gegeben ist, z. B. Vorlage eines Untermietvertrags, getrennte Kassen, der eine kocht und wäscht nicht für den anderen bzw. stellt diese Leistungen in Rechnung, jeder hat sein eigenes Zimmer etc.

Ob Sie durch nachträgliche Schaffung von Tatsachen, wie z. B. Abschluss eines (Unter-)Mietvertrags etc., die Vermutung der eheähnlichen Lebensgemeinschaft widerlegen können, ist fraglich.

Es erfolgt eine Gesamtwürdigung der Umstände, wobei die Behörden und Gerichte eher davon ausgehen, dass eine Haushalts- oder Bedarfsgemeinschaft vorliegt.

Sie sollten deshalb vor Stellung des Antrags auf Arbeitslosengeld II entsprechende Vorsorge treffen. Am sichersten ist es, getrennte Wohnungen zu haben, wobei es auch nichts nützt, wenn man bloß zum Schein in einer anderen Wohnung angemeldet ist, da Kontrollen erfolgen können. Bedenken Sie auch, dass, wenn nur zum Schein zwei Wohnungen existieren und dadurch Bedürftigkeit herbeigeführt wird, dies als Betrug verfolgt werden kann.

Besonders leichtsinnig ist es, wenn auf der Klingel bzw. auch auf dem Briefkasten die Namen beider Personen stehen. Versorgt einer der anderen nicht und hat Einkommen oder Vermögen, welches bedarfsmindernd auf das eigene Arbeitslosengeld II angerechnet wird, müssen Sie entweder einen Vertrag mit dem anderen abschließen, in dem dieser sich verpflichtet, bestimmte Kosten zu übernehmen, oder einer von Ihnen beiden sucht sich eine neue Wohnung.

Seite 2 des Hauptantrags

Umfang der Erwerbsfähigkeit

	①	②
Umfang der Erwerbsfähigkeit	Können Sie - Ihrer Einschätzung nach - **mindestens drei Stunden täglich** einer Erwerbstätigkeit auf dem allgemeinen Arbeitsmarkt nachgehen? ☐ ja ☐ nein, weil	Kann er/sie - Ihrer Einschätzung nach - **mindestens drei Stunden täglich** einer Erwerbstätigkeit auf dem allgemeinen Arbeitsmarkt nachgehen? ☐ ja ☐ nein, weil

Arbeitslosengeld II erhalten Sie nur, wenn Sie erwerbsfähig sind. Erwerbsfähig ist, wer unter den üblichen Bedingungen des allgemeinen Arbeitsmarktes mindestens drei Stunden täglich erwerbstätig sein kann. Arbeitslosengeld II erhalten Sie auch, wenn Sie zwar erwerbsfähig sind, eine Erwerbstätigkeit jedoch vorübergehend unzumutbar ist (z. B. wegen der Erziehung eines Kindes unter drei Jahren).

> ■ *Arbeitsunfähigkeit (Krankschreibung) ist nicht gleichzusetzen mit Erwerbsunfähigkeit, da die Arbeitsunfähigkeit sich in der Regel auf eine bestimmte Tätigkeit bezieht.* ■

Bei der Frage, ob jemand noch mindestens drei Stunden tätig sein kann, ist auf den „allgemeinen Arbeitsmarkt", nicht auf die zuletzt verrichtete Tätigkeit abzustellen. Es müssen auch keine konkreten Tätigkeiten benannt werden. Das Bundessozialgericht (BSG) sagt hierzu, dass der Arbeitsmarkt von einer solchen Vielzahl von Tätigkeiten geprägt sei, dass eine konkrete Benennung eines Arbeitsplatzes nicht möglich sei. Bei der Feststellung, ob Sie noch mindestens drei Stunden täglich arbeiten können, kommt es nur auf Ihre gesundheitlichen Einschränkungen an. Allenfalls kann sich im Ausnahmefall ergeben, dass jemand, der zwar theoretisch noch mehr als drei Stunden täglich arbeiten kann, voll erwerbsgemindert ist, da aufgrund der Vielzahl seiner gesundheitlichen Einschränkungen dem Betroffenen nur noch ein beschränktes Arbeitsangebot zur Verfügung steht.

Die Entscheidung, ob Sie erwerbsfähig sind, trifft zunächst die Agentur für Arbeit. Meint diese, Sie können nur noch unter drei Stunden arbeiten, Sie sind persönlich aber anderer Ansicht, müssen Sie Antrag auf Rente oder/und Grundsicherung stellen. Sind das Sozialamt oder die Rentenversicherung anderer Ansicht, trifft eine Einigungsstelle die Entscheidung.

Die Maßstäbe sind sehr streng. Sind Sie der Meinung, Sie können keine drei Stunden mehr täglich arbeiten, sollten Sie sich von Ihrem behandelnden Arzt ein ausführliches Attest ausstellen lassen. Beachten Sie dabei, dass Arbeitsunfähigkeit – auch längere Arbeitsunfähigkeit – nicht gleichbedeutend mit Erwerbsunfähigkeit ist. Dies wird von den Ärzten manchmal nicht beachtet. In dem Attest sollen nicht nur die Diagnosen aufgeführt sein, sondern möglichst umfassend die konkreten Beschwerden. Außerdem ist Voraussetzung, dass Sie aufgrund der Beschwerden und vielfältigen Einschränkungen nicht in der Lage sind, auch nur irgendeine Arbeit mindestens drei Stunden am Tag zu verrichten.

Entsprechendes gilt für Ihre Haushaltsangehörigen.

Auf keinen Fall dürfen Sie sich weigern, Arbeit anzunehmen bzw. keine Bewerbung zu schreiben, solange nicht amtlicherseits festgestellt worden ist, dass tatsächlich Erwerbsunfähigkeit vorliegt. Verweigern Sie trotzdem die Arbeit, kann das Arbeitslosengeld II bis auf ein Minimum gekürzt werden (Näheres siehe oben zu Sanktionen).

Unterbringung in einer stationären Einrichtung

Unterbringung in einer stationären Einrichtung	☐ nein ☐ ja - Zuweisung für den Zeitraum vom _____ bis _____ **Wenn ja:** Bitte legen Sie entsprechende Unterlagen vor.	☐ nein ☐ ja - Zuweisung für den Zeitraum vom _____ bis _____ **Wenn ja:** Bitte legen Sie entsprechende Unterlagen vor.

Sind Sie länger als sechs Monate in einer stationären Einrichtung untergebracht, haben Sie keinen Anspruch auf Arbeitslosengeld II. In diesem Fall ist es also unsinnig, den Antrag abzugeben. Es könnten jedoch Ansprüche nach dem SGB XII – Sozialhilfegesetz oder sonstige Ansprüche gegen die Bundesagentur gegeben sein. Fragen Sie unbedingt bei der Bundesagentur und dem Sozialamt nach. Unter „stationärer Einrichtung" versteht man nicht den Aufenthalt in einem normalen Krankenhaus, sondern z. B. die Unterbringung in einer psychiatrischen Anstalt oder in einem Pflegeheim etc.

Angaben zur Krankenkasse

Wenn Sie bislang **Sozialhilfe** bezogen haben, müssen Sie für den Bezug von Arbeitslosengeld II eine **Krankenkasse** wählen. Legen Sie bitte danach die **Mitgliedsbescheinigung** vor!		
Krankenversicherung (KV)	Ich bin in einer gesetzlichen Krankenkasse pflichtversichert oder familienversichert ☐ ja ☐ nein **Wenn ja:** Name und Sitz der Krankenkasse	Er/sie ist in einer gesetzlichen Krankenkasse pflichtversichert oder familienversichert ☐ ja ☐ nein **Wenn ja:** Name und Sitz der Krankenkasse
	Versicherten- nummer:	Versicherten- nummer:
	Wenn nein: ☐ Ich war bisher **nicht** krankenversichert. ⇨ **Wählen Sie bitte eine Krankenkasse und legen Sie eine Mitgliedsbescheinigung vor.** ☐ Ich war bisher **privat** krankenversichert. (Bitte Zusatzblatt Sozialversicherung ausfüllen)	**Wenn nein:** ☐ Er/sie war bisher **nicht** krankenversichert. ⇨ **Wählen Sie bitte eine Krankenkasse und legen Sie eine Mitgliedsbescheinigung vor.** ☐ Er/sie war bisher **privat** krankenversichert. (Bitte Zusatzblatt Sozialversicherung ausfüllen)
Wenn Sie oder Ihr Partner/Ihre Partnerin von Ihrem Ehegatten/eingetragenen Lebenspartner **getrennt** leben, ist zu prüfen, ob Sie dennoch über diesen **familienversichert** werden können.		

Sind Sie nicht in einer gesetzlichen oder privaten Krankenkasse versichert und sind Sie entweder verheiratet, eingetragener Lebenspartner oder unter 23 Jahre, lassen Sie sich zunächst von der Krankenkasse Ihres Partners bzw. Ihrer Eltern beraten, ob Sie sich dort versichern lassen können. Ansonsten sprechen Sie bei einer Krankenkasse Ihrer Wahl vor und stellen den Antrag auf Mitgliedschaft für den Fall, dass Sie Arbeitslosengeld II erhalten. Sollten Sie bisher nicht in einer gesetzlichen Krankenversicherung versichert sein, sind Sie, wenn Sie Arbeitslosengeld II beziehen, in der gesetzlichen Kranken- und Pflegeversicherung pflichtversichert. Dies gilt auch, wenn Sie bereits älter als 55 Jahre sind und sich bisher nicht in der gesetzlichen Krankenkasse versichern konnten. Sie haben das Recht, selbst eine Krankenkasse zu wählen.

Sind Sie von der Versicherungspflicht befreit, können Sie sich weiterhin befreien lassen. Sie erhalten dann auf Antrag einen Zuschuss zur privaten Kranken-, Renten- und Pflegeversicherung. Hierzu ist das nachfolgende Formular auszu-

> **ZUSATZBLATT**
> **"SOZIALVERSICHERUNG DER BEZIEHER VON ARBEITSLOSENGELD II"**
> ZUSCHUSS ZU DEN BEITRÄGEN BEI BEFREIUNG VON DER VERSICHERUNGSPFLICHT

füllen.

Seite 3 des Hauptantrags

Angaben zur Rentenversicherung

	①	②
Rentenversicherung (RV)	Versicherungszweig ☐ Angestellte ☐ Arbeiter ☐ Knappschaftliche Rentenversicherung ☐ der Arbeiter ☐ der Angestellten RV-Nr.: ☐ RV-Nr. wurde beantragt ☐ RV-Nr. soll beantragt werden Geburtsland/-ort ☐ Private Rentenversicherung (Bitte Zusatzblatt Sozialversicherung ausfüllen)	Versicherungszweig ☐ Angestellte ☐ Arbeiter ☐ Knappschaftliche Rentenversicherung ☐ der Arbeiter ☐ der Angestellten RV-Nr.: ☐ RV-Nr. wurde beantragt ☐ RV-Nr. soll beantragt werden Geburtsland/-ort ☐ Private Rentenversicherung (Bitte Zusatzblatt Sozialversicherung ausfüllen)

Waren oder sind Sie oder die Angehörigen der Bedarfsgemeinschaft bereits Mitglied in der gesetzlichen Rentenversicherung, so geben Sie hier an, bei welcher Rentenversicherung Sie Mitglied sind oder waren.

Bezieher von Arbeitslosengeld II sind gesetzlich rentenversichert. Waren Sie bisher nicht rentenversichert, so kreuzen Sie das Kästchen „RV-Nr. soll beantragt werden" an.

Haushaltsgemeinschaft

III. Persönliche Verhältnisse der mit dem Antragsteller/der Antragstellerin in einem Haushalt lebenden weiteren Personen		
Leben weitere Angehörige im gemeinsamen Haushalt? Wenn ja, tragen Sie bitte die weiteren Angehörigen in der Reihenfolge des Geburtsdatums ein. Bei vier oder mehr Angehörigen ist das **Zusatzblatt 4** zu verwenden.	☐ ja	☐ nein

Haben Sie auf Seite 1 des Hauptantrags angegeben, dass Sie bei jemanden wohnen und haben Sie unter II. „Persönliche Verhältnisse" keine Angaben zum Partner gemacht, mit dem Sie zusammenleben, müssen Sie dies spätestens auf Seite 3 zu III. „Persönliche Verhältnisse der mit dem Antragsteller/der Antragstellerin in einem Haushalt lebenden weiteren Personen" tun. Wohnen Sie nicht mit Verwandten zusammen und auch nicht mit einem Partner, jedoch mit einer oder mehreren anderen Personen zusammen in einer Wohngemeinschaft, so sollten Sie dies auf einem Begleitschreiben mitteilen und schildern, warum weder eine Bedarfs- noch eine Haushaltsgemeinschaft (s. S. 85) besteht.

Bei der Haushaltsgemeinschaft gelten entsprechend die gleichen Ausführungen wie bei der eheähnlichen Lebensgemeinschaft. Es kommt also darauf an, dass Sie durch entsprechende Tatsachen nachweisen können, dass keine Haushaltsgemeinschaft vorliegt.

In der Praxis wird derzeit davon ausgegangen, dass, wenn Sie mit Verwandten oder Verschwägerten in einem gemeinsamen Haushalt wohnen, eine gegenseitige finanzielle Unterstützung gewährt wird. Dies gilt jedoch nur dann, wenn es nach deren Einkommen und Vermögen erwartet werden kann.

Zur Anrechnung des Vermögens/Einkommens von Personen einer Haushaltsgemeinschaft siehe weiter unten.

Ist eine Person Mitglied einer Haushaltsgemeinschaft, ohne der Bedarfsgemeinschaft seiner Mitbewohner anzugehören, hat dies Auswirkungen auf die an die Bedarfsgemeinschaft zu zahlenden Kosten der Unterkunft.

Beispiel:
In einem Haushalt leben Vater, Mutter, Großvater, Kind. Der Großvater bezieht Leistungen zur Grundsicherung im Alter nach dem Grundsicherungsgesetz (ab 1.1.2005 eingeordnet in das Sozialhilferecht SGB XII.)
Die Kosten der Unterkunft betragen 400,- Euro.
Der Großvater gehört der Haushaltsgemeinschaft, nicht aber der Bedarfsgemeinschaft an. Der auf ihn entfallende Mietanteil von 100,- Euro kann nicht im Rahmen der Grundsicherung für Arbeitsuchende (Arbeitslosengeld II) übernommen werden. Dieser Betrag ist vom kommunalen Träger im Rahmen der Grundsicherung im Alter zu zahlen.

Um nachzuprüfen, ob die Mitglieder einer Haushaltsgemeinschaft aus ihrem Einkommen und Vermögen zum Unterhalt desjenigen, der Arbeitslosengeld II haben will, beitragen können, wird folgende Berechnung aufgestellt:

Wenn Sie hilfebedürftig sind und z. B. mit Ihrer Mutter zusammenleben, errechnet sich der Freibetrag für Ihre Mutter wie folgt:

Zunächst wird das Einkommen entsprechend den o. g. Ausführungen errechnet. Vom Nettoeinkommen sind also erst einmal Steuern, Pauschalabzüge und Werbungskosten abzuziehen. Übersteigt dieses Einkommen dann den zweifachen Regelsatz (im Osten 2 × 331 Euro) zuzüglich der Kosten der Unterkunft, ist die Hälfte des übersteigenden Betrags auf das Arbeitslosengeld II anzurechnen.
Folgender Freibetrag wird für den „unterhaltspflichtigen Haushaltsangehörigen" gewährt (die anteiligen Unterkunftskosten betragen in diesem Beispiel 200 Euro):

Zweifacher Regelsatz 662 Euro (neue Bundesländer) bzw. 690 Euro (alte Bundesländer) zuzüglich Unterkunftskosten 200 Euro = 862 Euro bzw. 890 Euro.

Beispiel:
Verdient die Mutter z. B. 2.500,00 Euro brutto und 1.500 Euro netto, ergibt sich folgende Berechnung:

Nettoeinkommen	1.500,00
./. Werbungskostenpauschale	15,33
./. Pauschale gem. AlgII-VO für Haftpflicht und Hausratversicherung	30,00
Zwischensumme	1.454,67

Abzüglich weiterer Freibetrag

Quote aus Netto und Brutto: 0,58 (1.454,67 : 2.500) Errechnung der Nettobeträge pro Freibetragsstufe durch Multiplikation mit Quote:

- Nettobetrag für erste Stufe von 0 bis 400 Euro:
  0,58 × 400 Euro = 232 Euro
- Nettobetrag für die zweite Stufe von 400,01 bis 900 Euro:
  0,58 × 500 Euro = 290 Euro
- Nettobetrag für die dritte Stufe von 900,01 bis 1100 Euro:
  0,58 × 200 Euro = 116 Euro

Da sich der Freibetrag aus dem Nettobetrag errechnet, ergibt sich somit folgender Freibetrag (s. Seite 62):

15 % aus 232 =	34,80
30 % aus 290 =	87,00
15 % aus 116 =	17,40
insgesamt =	139,20

Es ergibt sich somit folgende Rechnung:

Nettoeinkommen abzüglich Pauschalen	1.454,67
abzüglich Freibetrag	139,20
anzurechnendes Einkommen	1.315,47

Hauptantrag und Zusatzblätter

Freibetrag (zweifacher Regelsatz zzgl. Unterkunftskosten – Westen)	890,00
Übersteigender Betrag	425,47
hiervon sind 50 % auf das ALG anzurechnen	**212,74**

Diese Berechnungsmethode ist in der ALG-II-Verordnung geregelt.

In etwa lässt sich folgende Tabelle bei der Annahme von anteiligen Unterkunftskosten in Höhe von 225 Euro aufstellen, wobei bei einer Regelleistung von 331 Euro und anteiligen Kosten der Unterkunft von 225 Euro ausgegangen wurde. Geht man davon aus, dass der Unterstützende die Miete voll trägt, käme eine Unterstützung erst ab einem Nettobetrag von ca. 1.610 Euro in Betracht.

Nettoeinkommen	anzurechnen auf ALG II
1.050	0
1.120	14,51
1.190	45,78
1.260	77,05
1.330	108,33
1.400	139,62
1.470	170,91
1.610	236,79
1.750	306,55
1.960	411,26
2.240	550,96
2.310	585,90

Das Gesetz sagt, dass lediglich eine gesetzliche Vermutung dahin gehend besteht, dass, wenn Mitglieder einer Haushaltsgemeinschaft über ein entsprechendes Einkommen verfügen, sie zum Unterhalt des Hilfebedürftigen beitragen. Die obige Berechnung, dass theoretisch der Arbeitslosengeld-II-Empfänger einen Betrag von 212,74 Euro von seiner Mutter erhält, ist also nur eine Vermutung, die man ggf. durch entsprechende Erklärungen widerlegen kann, z. B. dass man von der Mutter nichts erhält oder bis zur Zahlung des Arbeitslosengeldes II ein Darlehen zur Überbrückung einer Notlage erhält. Nach Ansicht der Bundesagentur soll dieser Vortrag allein nicht ausreichen, sondern es müssen noch weitere Umstände hinzukommen, sodass die Mutter bisher den Sohn nicht unterstützt hat, der Familienzusammenhalt zerstört war bzw. ist etc. Wie im Einzelfall die Vermutung der Unterstützung widerlegt werden kann, muss wohl im Streitfall durch die Gerichte entschieden werden. Allgemeine Regeln werden sich kaum aufstellen lassen, es kommt immer auf die Darstellung des konkreten Einzelfalls an.

Seite 4 des Hauptantrags

Mehrbedarf

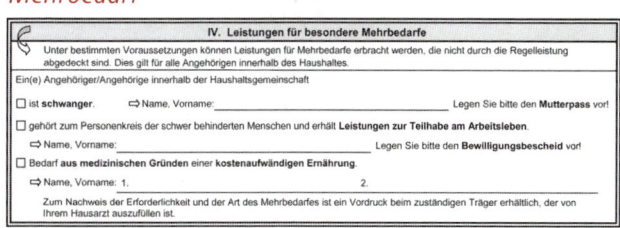

> **IV. Leistungen für besondere Mehrbedarfe**
>
> Unter bestimmten Voraussetzungen können Leistungen für Mehrbedarfe erbracht werden, die nicht durch die Regelleistung abgedeckt sind. Dies gilt für alle Angehörigen innerhalb des Haushaltes.
>
> Ein(e) Angehöriger/Angehörige innerhalb der Haushaltsgemeinschaft
>
> ☐ ist **schwanger**.   ⇨ Name, Vorname: _____   Legen Sie bitte den **Mutterpass** vor!
>
> ☐ gehört zum Personenkreis der schwer behinderten Menschen und erhält **Leistungen zur Teilhabe am Arbeitsleben**.
>   ⇨ Name, Vorname: _____   Legen Sie bitte den **Bewilligungsbescheid** vor!
>
> ☐ Bedarf **aus medizinischen Gründen** einer kostenaufwändigen Ernährung.
>   ⇨ Name, Vorname: 1.   2.
>
> Zum Nachweis der Erforderlichkeit und der Art des Mehrbedarfes ist ein Vordruck beim zuständigen Träger erhältlich, der von Ihrem Hausarzt auszufüllen ist.

Für

– Schwangere,

– allein erziehende Arbeitsuchende, gestaffelt nach der Kinderzahl,

– erwerbsfähige behinderte Menschen, die Leistungen der Eingliederungshilfe erhalten, und

– erwerbsfähige Bedürftige, die einer kostenaufwändigen Ernährung bedürfen,

wird ein je nach Personengruppe unterschiedlicher Mehrbedarf gezahlt. Bei einer kostenaufwändigen Ernährung wird ein Mehrbedarf in angemessener Höhe gezahlt. Die Höhe wird sich wohl an den bisherigen Regelungen im Sozialhilferecht orientieren, hier werden teilweise Pauschalbeträge gezahlt. Der Arzt soll ein ausführliches Attest ausstellen, in dem er genau darauf eingeht, inwiefern im Unterschied zur normalen Nahrung eine kostenaufwändigere Ernährung notwendig ist. Diagnosen reichen hier nicht aus. Besteht ein

Mehrbedarf für kostenaufwändige Ernährung, soll der Arzt das nachfolgende Formular ausfüllen:

> **ÄRZTLICHE BESCHEINIGUNG**
> ZUR
> **ANERKENNUNG EINES MEHRBEDARFS FÜR KOSTENAUFWÄNDIGE ERNÄHRUNG**
> BEI LEISTUNGEN ZUR SICHERUNG DES LEBENSUNTERHALTES
> NACH DEM ZWEITEN BUCH SOZIALGESETZBUCH (SGB II)

Wohnverhältnisse

> V. Wohnverhältnisse des Antragstellers/der Antragstellerin und der im Haushalt lebenden weiteren Personen
> Kosten für Unterkunft und Heizung sind im
> "Zusatzblatt 1 zur Feststellung der angemessenen Kosten für Unterkunft und Heizung" einzutragen.

Zum Arbeitslosengeld II gehören die angemessenen Kosten für Unterkunft. Neben- und Heizkosten werden in Höhe der tatsächlichen Aufwendungen übernommen, soweit diese angemessen sind. Zu den Kosten der Unterkunft gehören bei Hilfesuchenden, die zur Miete wohnen, die tatsächlichen Miet- und Nebenkosten.

Bewohnen Sie ein Eigenheim oder eine Eigentumswohnung, gehören zu den Kosten der Unterkunft die mit diesen verbundenen Belastungen (z. B. Schuldzinsen für Hypotheken, Grundsteuer und sonstige öffentliche Abgaben, Wohngebäudeversicherung, Erbbauzins sowie Nebenkosten wie bei Mietwohnungen (z. B. Müllgebühr, Schornsteinfegergebühr, Straßenreinigung).

> ■ *Nicht berücksichtigt werden die Tilgungsraten. Sie dienen der Vermögensbildung.* ■

Auch laufende Leistungen für Heizung sind zu übernehmen. Die Angemessenheit der Kosten der Unterkunft richtet sich nach den Besonderheiten des Einzelfalls. Angemessen ist eine Miete für eine angemessene Wohnraumgröße zum ortsüblichen Mietpreis

Angemessene Wohnraumgrößen:

- 1-Personen-Haushalt 45 qm,
- 2-Personen-Haushalt 60 qm,
- 3-Personen-Haushalt 75 qm,
- für jede weitere Person + 15 qm.

Der ortsübliche, angemessene Mietpreis wird von der Stadt, der Gemeinde oder dem Landkreis festgesetzt.

Wohnen Sie in einer zu teuren Wohnung, muss die zu hohe Miete längstens bis zu sechs Monaten in voller Höhe übernommen werden, solange es für Sie und Ihre Haushaltsangehörigen nicht möglich oder nicht zumutbar ist, die Mietkosten zu senken. Ein Umzug kann jedoch Eigentümern eines geschützten Hauses oder einer geschützten Eigentumswohnung (s. S. 68) nicht zugemutet werden.

Zumutbar ist, eine zu große oder eine zu teure Wohnung zu kündigen und eine kleinere oder preiswertere Wohnung zu mieten und die Wohnung komplett oder teilweise zu vermieten.

Vor Abschluss eines neuen Mietvertrags müssen Sie diesen vom Amt genehmigen lassen. Werden Sie aufgefordert umzuziehen, können, wenn Sie dies vorher beantragen, folgende Kosten übernommen werden:

- Wohnbeschaffungskosten,
- Mietkaution,
- Umzugshilfe.

Einkommen des Antragstellers und der im Haushalt lebenden Personen

Soweit in den Formularen nach den Einkommens- und Vermögensverhältnissen von im Haushalt lebenden weiteren Personen gefragt wird, bezieht sich dies nur auf Personen, die in einer Bedarfs- oder Haushaltsgemeinschaft mit dem Arbeitslosengeld-II-Empfänger leben. Zur Haushaltsgemeinschaft gehören nur Verwandte und Verschwägerte, die mit dem Hilfeempfänger in einem Haushalt wohnen und diesen unterstützen. Wohnen Sie mit anderen Personen zusammen, mit denen Sie nicht verwandt, verschwägert oder verheiratet sind oder in einem eheähnlichen Verhältnis leben, so müssen Sie deren Einkommen oder Vermögen nicht angeben.

Wie bereits oben ausgeführt, zählen zum Einkommen sämtliche Einnahmen, insbesondere auch Zinseinkünfte. Beachten Sie, dass, wenn Sie einen so genannten Freistellungsauftrag gestellt haben, aufgrund des Datenabgleichs die Behörde hiervon erfährt. Sollten Sie also in der Vergangenheit einen Freistellungsauftrag gestellt haben, jetzt jedoch über kein entsprechendes Vermögen mehr verfügen, sollten Sie ihn zurückziehen. Achtung: Erhalten Sie oder Ihre Kinder Unterhalt, müssen Sie diese Zahlungen im Hauptantrag unter VI angeben, außerdem unter VIII „Unterhaltspflichtige Angehörige außerhalb der Haushaltsgemeinschaft" und im Zusatzblatt 2 „Einkommenserklärung/Verdienstbescheinigung".

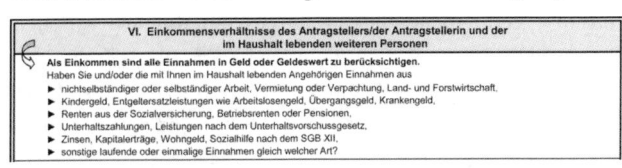

> **VI. Einkommensverhältnisse des Antragstellers/der Antragstellerin und der im Haushalt lebenden weiteren Personen**
>
> Als Einkommen sind alle Einnahmen in Geld oder Geldeswert zu berücksichtigen.
> Haben Sie und/oder die mit Ihnen im Haushalt lebenden Angehörigen Einnahmen aus
> - nichtselbständiger oder selbständiger Arbeit, Vermietung oder Verpachtung, Land- und Forstwirtschaft,
> - Kindergeld, Entgeltersatzleistungen wie Arbeitslosengeld, Übergangsgeld, Krankengeld,
> - Renten aus der Sozialversicherung, Betriebsrenten oder Pensionen,
> - Unterhaltszahlungen, Leistungen nach dem Unterhaltsvorschussgesetz,
> - Zinsen, Kapitalerträge, Wohngeld, Sozialhilfe nach dem SGB XII,
> - sonstige laufende oder einmalige Einnahmen gleich welcher Art?

Haben Sie oder die Personen der Bedarfs- oder Haushaltsgemeinschaft Einkünfte, so ist das Zusatzblatt 2 auszufüllen.

> **ZUSATZBLATT 2**
> **EINKOMMENSERKLÄRUNG/VERDIENSTBESCHEINIGUNG**
> **- FÜR DEN ANTRAGSTELLER SOWIE FÜR ANGEHÖRIGE ZU VERWENDEN -**

In diesem Formular sind auch die Ausgaben, die Sie haben, einzutragen. Oft wird der Platz auf dem Formular nicht ausreichen, benutzen Sie in diesem Fall ein extra Blatt Papier und vermerken Sie im Hauptantrag: „siehe extra Aufstellung".

Haben Sie oder eine Person, die zu Ihrer Bedarfs- oder Haushaltsgemeinschaft gehört, eine Arbeit, muss der Arbeitgeber die Rückseite des Zusatzblattes 2 ausfüllen. Bei Personen der Haushaltsgemeinschaft gilt dies jedoch nur, wenn Sie von diesen finanziell unterstützt werden.

> **Bescheinigung des Arbeitsentgelts durch den Arbeitgeber**
>
> Diese Bescheinigung ist eine Urkunde. Zu Angaben über das Arbeitsentgelt ist der Arbeitgeber nach § 60 des Zweiten Buches Sozialgesetzbuch verpflichtet. Änderungen/Ergänzungen bestätigen Sie bitte gesondert mit Unterschrift.

Soweit die mit Ihnen im Haushalt lebenden Personen Arbeitseinkommen erzielen, genügt es auch, wenn Sie eine formlose Verdienstbescheinigung des Arbeitgebers vorlegen. Das bisher verwendete Formblatt ist in Bezug auf die Verwendung von Haushaltsangehörigen auf scharfe Kritik der Datenschützer gestoßen, es soll deshalb nicht mehr verwendet werden. Wenn Sie nicht wollen, dass der Arbeitgeber der in Ihrem Haushalt lebenden Personen das Zusatzformular ausfüllt, legen Sie die Lohn- bzw. Gehaltsabrechnungen vor.

Seite 5 des Hauptantrags

Vermögen

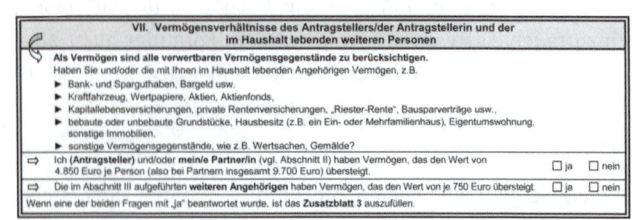

VII. Vermögensverhältnisse des Antragstellers/der Antragstellerin und der im Haushalt lebenden weiteren Personen		
Als Vermögen sind alle verwertbaren Vermögensgegenstände zu berücksichtigen. Haben Sie und/oder die mit Ihnen im Haushalt lebenden Angehörigen Vermögen, z.B. ▶ Bank- und Sparguthaben, Bargeld usw. ▶ Kraftfahrzeug, Wertpapiere, Aktien, Aktienfonds, ▶ Kapitallebensversicherungen, private Rentenversicherungen, „Riester-Rente", Bausparverträge usw., ▶ bebaute oder unbebaute Grundstücke, Hausbesitz (z.B. ein Ein- oder Mehrfamilienhaus), Eigentumswohnung, sonstige Immobilien, ▶ sonstige Vermögensgegenstände, wie z.B. Wertsachen, Gemälde?		
⇨ Ich (Antragsteller) und/oder meine Partnerln (vgl. Abschnitt II) haben Vermögen, das den Wert von 4.850 Euro je Person (also bei Partnern insgesamt 9.700 Euro) übersteigt.	☐ ja	☐ nein
⇨ Die im Abschnitt III aufgeführten weiteren Angehörigen haben Vermögen, das den Wert von je 750 Euro übersteigt.	☐ ja	☐ nein
Wenn eine der beiden Fragen mit „ja" beantwortet wurde, ist das Zusatzblatt 3 auszufüllen.		

Haben Sie eine der beiden Fragen mit Ja beantwortet, müssen Sie das Zusatzblatt 3 „Zur Feststellung des zu berücksichtigenden Vermögens" ausfüllen.

Bevor Sie den Antrag auf Arbeitslosengeld II abgeben, sollten Sie überprüfen, ob Vermögen vorhanden ist, aufgrund dessen Sie kein Arbeitslosengeld II erhalten. Unter Umständen können Sie entsprechende Vorsorge treffen und den Antrag erst stellen, wenn kein einsetzbares Vermögen mehr vorhanden ist.

> **ZUSATZBLATT 3**
> ZUR FESTSTELLUNG DES ZU BERÜCKSICHTIGENDEN VERMÖGENS

Das Zusatzblatt 3 ist teilweise schwierig auszufüllen. Es kann eventuell einfacher sein, auf einem extra Blatt eine entsprechende Übersicht zu fertigen. In diesem Fall vermerken Sie auf dem Zusatzblatt 3: „siehe extra Aufstellung".

Bitte machen Sie die Aufstellung sehr sorgfältig und lassen Sie sich von Ihrer Bank einen Ausdruck sämtlicher Guthaben auf Girokonten, Sparkonten etc. fertigen und bestätigen, dass die Aufstellung vollständig ist. Schreiben Sie die Lebens-, Renten- und sonstigen Kapitalversicherungen an und lassen Sie sich den aktuellen Rückkaufwert sowie den Betrag der bisher eingezahlten Prämien/Beiträge bestätigen. Wenn Sie hier etwas vergessen, kann dies fatale Folgen haben. Es werden nicht nur Beiträge zurückgefordert, sondern Sie müssen auch mit einer Strafanzeige rechnen. Soweit Sie Freistellungsanträge gestellt haben, erfährt dies die Behörde über einen Datenabgleich.

Vermögen über dem Freibetrag

Achtung: Es kursieren sehr gefährliche Ratschläge zur Sicherung des Vermögens. Beachten Sie unbedingt:

1 Solange sich der Hilfebedürftige (insbesondere bei Drogen- oder Alkoholabhängigkeit sowie im Falle unwirtschaftlichen Verhaltens) als ungeeignet erweist, mit der Regelleistung seinen Bedarf zu decken, kann die Regel-

leistung in voller Höhe oder anteilig in Form von Sachleistungen erbracht werden (§ 23 Abs. 2 SGB II).

2 (§ 34 Abs. 1 SGB II): „Wer nach Vollendung des 18. Lebensjahres vorsätzlich oder grob fahrlässig die Voraussetzungen für seine Hilfebedürftigkeit oder die Hilfebedürftigkeit von Personen, die mit ihm in einer Bedarfsgemeinschaft leben, oder die Zahlung von Leistungen zur Sicherung des Lebensunterhalts an sich oder an Personen, die mit ihm in einer Bedarfsgemeinschaft leben, ohne wichtigen Grund herbeigeführt hat, ist zum Ersatz der deswegen gezahlten Leistungen verpflichtet."

Haben Sie Vermögen, welches über dem Freibetrag liegt (s. S. 67), so hilft es nichts, dieses schnell zu verbrauchen (zum Beispiel eine Weltreise zu machen) oder zu verschenken, außer Sie beachten die legalen Möglichkeiten. Es dürfte wohl nur möglich sein, Vermögen über dem Freibetrag in geschütztes Vermögen umzuschichten (s. S. 68).

Werden Sparguthaben etc. von Kindern aufgelöst, denken Sie daran, sofort die Freistellungsaufträge zurückzuziehen.

Beispiel:
Der Rückkaufswert der Lebensversicherung liegt über dem Freibetrag oder Sie haben sonstiges Vermögen, welches über dem Freibetrag liegt. Man lässt sich den über dem Freibetrag liegenden Wert auszahlen und schafft sich dafür Ersatz für die alte Waschmaschine an, führt notwendige Reparaturen am eigenen Haus durch, verkauft das uralte Auto und kauft sich einen Kleinwagen etc.

Achtung: Schulden werden vom Vermögen nicht abgezogen, es sei denn, Sie haben Vermögen, z. B. eine Lebensversicherung, Sparbriefe etc., zur Sicherheit für Ihre Schulden, z. B. ein Immobiliendarlehen, abgetreten. Bevor Sie also Arbeitslosengeld II beantragen, sollten Sie zunächst, soweit zutreffend, mit dem den Freibetrag übersteigenden Vermögen Ihre Schulden abzahlen.

Verschenkt man Vermögen, um Arbeitslosengeld II zu erhalten, muss man nicht nur Ersatz leisten, sondern das Amt kann von demjenigen, dem das Geld geschenkt worden ist, dieses zurückfordern (§ 33 SGB II).

Sind Anhaltspunkte für Vermögen vor der Antragstellung von Arbeitslosengeld II vorhanden und ist dieses bei der Antragstellung von Arbeitslosengeld II nicht mehr vorhanden, muss damit gerechnet werden, dass man Auskunft über den Verbleib des Vermögens geben muss. Es ist zu befürchten, dass die bisherige Praxis der Sozialämter und Gerichte, dass die Vorlage der Kontoauszüge bis zu drei Jahren verlangt wird, auch beim Arbeitslosengeld II Anwendung findet. Bereits jetzt verfahren teilweise die Bundesagentur und die Sozialgerichte bei der Arbeitslosenhilfe so. Zumindest werden Angaben für ein Jahr zurück verlangt.

Unterhaltspflichtige Angehörige

Geben Sie an, dass Sie verheiratet sind, dauernd getrennt leben oder geschieden sind, so beachten Sie, dass Unterhaltszahlungen auf das Amt übergehen. Das Amt fordert nun beim Unterhaltschuldner den Unterhalt ein. Wenn Sie einen so genannten Titel (vollstreckbares Urteil, also gerichtlich eine Zahlung durchgesetzt) haben, kann das Amt diesen fordern. Erhalten Sie Unterhalt, haben dies verschwiegen und erhalten Sie gleichzeitig Arbeitslosengeld II ohne Anrechnung von Unterhalt, erfährt dies auf jeden Fall die Behörde. Dies ist Betrug und wird von den Gerichten bestraft.

VIII. Unterhaltspflichtige Angehörige außerhalb der Haushaltsgemeinschaft			
(z.B. geschiedener oder getrennt lebender Ehegatte, Vater eines nichtehelichen Kindes, Eltern, Kinder usw.)			
Name (ggf. Geburtsname)			
Vorname			
Geburtsdatum			
Verwandtschaftsverhältnis			
PLZ, Wohnort			
Straße, Haus-Nr.			
Name, Vorname des Unterhaltsberechtigten			
Bitte Nachweise vorlegen, wie z.B. Unterhaltstitel, Vergleich, schriftliche Vereinbarung, Urkunde über die Höhe des Unterhalts.			
Unterhaltsleistungen werden erbracht	☐ ja ☐ nein wenn ja, bitte Zusatzblatt 2 ausfüllen	☐ ja ☐ nein wenn ja, bitte Zusatzblatt 2 ausfüllen	☐ ja ☐ nein wenn ja, bitte Zusatzblatt 2 ausfüllen
Unterhaltsleistungen werden **nicht** erbracht	Wurden oder werden Unterhaltsleistungen geltend gemacht? ☐ ja ☐ nein	Wurden oder werden Unterhaltsleistungen geltend gemacht? ☐ ja ☐ nein	Wurden oder werden Unterhaltsleistungen geltend gemacht? ☐ ja ☐ nein

Seite 6 des Hauptantrags

Nun haben Sie es schon beinahe geschafft. Fehlt noch Blatt 6 des Hauptantrags mit den so genannten weiteren Angaben.

Weitere Angaben

X. Weitere Angaben, die für die Leistungsgewährung von Bedeutung sein können		
Haben Sie oder die mit Ihnen im Haushalt lebenden Personen schon früher Leistungen bei der Agentur für Arbeit oder beim Sozialhilfeträger beantragt bzw. bezogen?		☐ ja ☐ nein
Wenn ja	folgende Leistungen: zuletzt am:	
	Name, Vorname:	
	Bei wem (zuständiger Träger)?	
	AZ/Kunden-Nr./Nr. der Bedarfsgemeinschaft:	

Die folgenden Angaben sind notwendig, um zu bestimmen, ob Anspruch auf einen befristeten Zuschlag zum Arbeitslosengeld II nach dem Bezug von Arbeitslosengeld II besteht.

Folgende Angehörige innerhalb des Haushaltes beziehen/bezogen Arbeitslosengeld (Alg)

1.	Name	Vorname	Kunden-Nr.

Ende des Arbeitslosengeldbezuges am: _____

Zuletzt bezogenes Arbeitslosengeld (Alg) ☐ wöchentlich ☐ täglich _____ Euro

Bitte **Beendigungsschreiben** (letzter Tag des Alg-Anspruchs) und **Bewilligungsbescheid** (Höhe des Alg) beifügen!

Zuletzt gezahltes **Wohngeld** _____ Euro monatlich (Bescheid über Höhe des Wohngeldes vorlegen)

☐ Es wurde der Eintritt einer Sperrzeit für den Zeitraum vom _____ bis _____ festgestellt.

☐ Der Anspruch ist wegen Eintritts einer Sperrzeit ab _____ erloschen.

Bitte **Sperrzeitbescheid oder Erlöschensbescheid beifügen!**

2.	Name	Vorname	Kunden-Nr.

Ende des Arbeitslosengeldbezuges am: _____

Zuletzt bezogenes Arbeitslosengeld (Alg) ☐ wöchentlich ☐ täglich _____ Euro

Bitte **Beendigungsschreiben** (letzter Tag des Alg-Anspruchs) und **Bewilligungsbescheid** (Höhe des Alg) beifügen!

Zuletzt gezahltes **Wohngeld** _____ Euro monatlich (Bescheid über Höhe des Wohngeldes vorlegen)

☐ Es wurde der Eintritt einer Sperrzeit für den Zeitraum vom _____ bis _____ festgestellt.

☐ Der Anspruch ist wegen Eintritts einer Sperrzeit ab _____ erloschen.

Bitte **Sperrzeitbescheid oder Erlöschensbescheid beifügen!**

Zur Abmilderung des Übergangs vom Arbeitslosengeld I auf Arbeitslosengeld II erhalten die Betroffenen nach Bezug des Arbeitslosengeldes I einen auf zwei Jahre befristeten Zuschlag. Dieser beträgt im ersten Jahr bei Alleinstehenden maximal 160 Euro, lebt man mit einem Partner zusammen, beträgt er maximal 320 Euro, für minderjährige Kinder je 60 Euro, im zweiten Jahr nur noch die Hälfte dieser Beträge.

Der Zuschlag auf das Arbeitslosengeld II beträgt im ersten Jahr zwei Drittel der Differenz zwischen dem Arbeitslosengeld I plus Wohngeld und dem nach Bedürftigkeit gezahlten Arbeitslosengeld II an den Zuschlagsberechtigten.

Hat der Zuschlagsberechtigte einen Partner oder Kinder, richtet sich der Zwei-Drittel-Zuschlag nach der Differenz zwischen dem Arbeitslosengeld I plus Wohngeld und der Summe der nach Bedürftigkeit zustehenden Leistungen von Arbeitslosengeld II und des Sozialgeldes an den Haushalt. Der Zuschlag berechnet sich im ersten Jahr nach der Formel: Differenz × 0.6666. Im zweiten Jahr wird der Zuschlag um 50 Prozent gemindert, dann fällt er weg.

Beispiel:
Wer am 01.01.05 schon acht Monate Arbeitslosenhilfe bezogen hat, bekommt zusätzlich zum Arbeitslosengeld II noch vier Monate lang den höheren Zuschlag, danach zwölf Monate den halbierten Zuschlag.

Wer beim Wechsel von Arbeitslosengeld I in Arbeitslosengeld II Wohngeld bezieht, kann einen höheren Zuschlag bekommen. Es lohnt sich also auch deshalb, sofort Wohngeld zu beantragen. Wichtig ist, dass rechtzeitig über den Antrag entschieden wird, da nur das tatsächlich bezogene Wohngeld bei der Berechnung des Zuschlags zählt. Aufgrund der langen Bearbeitungsdauer soll aber auch nachträglich gewährtes Wohngeld ab Antragstellung berücksichtigt werden können.

Erst prüfen, dann unterschreiben

Bevor Sie unterschreiben, vergewissern Sie sich genau, dass wirklich alle Angaben richtig sind. Haben Sie Zweifel oder wissen Sie nicht, wie Sie etwas richtig ausfüllen sollen, fragen Sie den Mitarbeiter der Arbeitsagentur.

Haben Sie unrichtige Angaben gemacht und erhalten Sie deshalb zu viel Leistungen, müssen Sie nicht nur das zu viel erhaltene Geld zurückzahlen, sondern auch damit rechnen, dass ein Strafverfahren gegen Sie eingeleitet wird.

Ändern sich Ihre wirtschaftlichen bzw. finanziellen Verhältnisse, so sind Sie verpflichtet, dies sofort zu melden. Eine telefonische Mitteilung genügt nicht. Und auch auf den normalen Postversand sollten Sie sich nicht verlassen. Am besten sprechen Sie persönlich vor und lassen sich sowohl Vorsprache als auch Inhalt bestätigen (höheres Nebeneinkommen, billigere Wohnung etc.).

Versuchen Sie nunmehr, schnellstmöglichst Ihre Unterlagen zusammenzustellen und den Antrag, soweit Sie können, auszufüllen. Vereinbaren Sie dann einen Termin bei der Arbeitsagentur und klären Sie dort noch offene Fragen. Je gründlicher Ihre Unterlagen zusammengestellt sind, desto schneller erhalten Sie Ihr Geld.

Weitere Anträge und Rechtsmittel

Ist es mit dem Antrag auf Arbeitslosengeld II getan? Oder werden von Ihnen noch weitere Schritte erwartet? Müssen Sie vielleicht noch andere Leistungen beantragen? Und was ist, wenn Ihr Antrag abgelehnt wird? Was können Sie dann tun? All das erfahren Sie in diesem Kapitel.

Sonstige Anträge im Zusammenhang mit Arbeitslosengeld II

Da Arbeitslosengeld II nur gezahlt wird, soweit andere Leistungen nicht gewährt werden, müssen Sie sich gegebenenfalls darum bemühen, zunächst andere Leistungen zu beantragen.

Da nunmehr alle Leistungen (Geldleistungen zur Sicherung des Lebensunterhalts, Kosten für die Unterkunft und Heizung) aus einer Hand gezahlt werden (Bundesagentur für Arbeit), können Sie keinen Antrag mehr auf Wohngeld oder ergänzende Hilfe zum Lebensunterhalt stellen, da diese Leistungen bereits durch die Bundesagentur für Arbeit erbracht werden.

Sonstige Leistungen wie Kindergeld, Krankengeld etc. müssen Sie jedoch nach wie vor bei den zuständigen Stellen beantragen:

- den Antrag auf Kindergeld bei der zuständigen Familienkasse der Agentur,
- den Antrag auf Krankengeld bei Ihrer Krankenkasse.

Einen Antrag auf Rente, sowohl auf Rente wegen voller Erwerbsminderung als auch auf Rente wegen teilweiser Erwerbsminderung oder Berufsunfähigkeit, stellen Sie bei der zuständigen Rentenversicherung.

Da Sie Anspruch auf Grundsicherung für Arbeitsuchende haben, wenn Sie mehr als drei Stunden täglich arbeiten kön-

Sonstige Anträge im Zusammenhang mit Arbeitslosengeld II

nen, müssen Sie gegebenenfalls, wenn Sie zwar mehr als drei Stunden, jedoch weniger als sechs Stunden täglich arbeiten können, neben dem Antrag auf Grundsicherung einen Antrag auf Rente wegen teilweiser Erwerbsminderung bei Ihrer Rentenversicherung stellen.

Sind Sie der Meinung, Sie können nur noch unter drei Stunden arbeiten, müssen Sie unverzüglich einen Rentenantrag bei Ihrer gesetzlichen Rentenversicherung stellen. Diesen Antrag können Sie zunächst formlos oder auch durch persönliche Vorsprache bei der Gemeinde- bzw. Stadtverwaltung oder im Landratsamt stellen.

Jede Gemeinde- bzw. Stadtverwaltung muss bei der Rentenantragstellung Unterstützung leisten und beim Ausfüllen der Formulare behilflich sein. Es genügt nicht, wenn Sie im Antragsformular für das Arbeitslosengeld II angeben, Sie können keine drei Stunden erwerbstätig sein; vielmehr müssen Sie, solange noch nicht geschehen, einen extra Rentenantrag stellen.

Haben Sie gegenüber der gesetzlichen Rentenversicherung keinen Anspruch auf Rente wegen geminderter Erwerbsfähigkeit, z. B. weil Sie innerhalb der letzten fünf Jahre bzw. des entsprechend verhängten Zeitraums (Zeiten der Arbeitslosigkeit, Krankheit etc.) keine Beiträge gezahlt oder nicht mindestens für 36 Monate Beiträge entrichtet haben, so müssen Sie einen Antrag auf Grundsicherung wegen dauerhafter Erwerbsminderung bei dem für Sie zuständigen Träger der Sozialhilfe (Sozialamt) stellen. Da Grundsicherung bei dauerhafter Erwerbsminderung nur gezahlt wird, wenn Sie auf Dauer voll erwerbsgemindert sind (also nur noch unter drei Stunden täglich arbeiten können), müssen Sie gegebenenfalls, wenn die Erwerbsunfähigkeit voraussichtlich nur vorübergehend besteht, Antrag auf Sozialhilfe bei dem zuständigen Träger der Sozialhilfe stellen.

Beachten Sie, dass, wenn Sie einen Antrag auf Grundsicherung für Arbeitsuchende bei der Bundesagentur bzw. bei der Kommune, die vom Optionsrecht Gebrauch gemacht hat, abgeben und in dem Antrag angeben, nur noch unter drei Stunden täglich arbeiten zu können, dieser Antrag nicht automatisch an das Sozialamt weitergeleitet wird. Da Sie nur Anspruch auf Grundsicherung für Arbeitsuchende haben, wenn Sie mehr als drei Stunden täglich arbeiten können, kann es zu erheblichen Verzögerungen bei der Auszahlung der Geldleistungen kommen.

Sicherheitshalber sollten Sie deshalb, wenn Sie der Meinung sind, nur noch unter drei Stunden täglich arbeiten zu können, und keinen Anspruch auf Rente haben, gleichzeitig mit dem Antrag auf Grundsicherung für Arbeitsuchende (Arbeitslosengeld II) sowohl einen Antrag auf Sozialhilfe nach dem Bundessozialhilfegesetz als auch einen Antrag auf Grundsicherung bei dauernder Erwerbsminderung bei dem für Sie zuständigen Sozialamt bzw. der für Sie zuständigen Sozialhilfebehörde stellen.

■ *Da die Bearbeitung einige Zeit in Anspruch nehmen kann, sollten Sie von der Möglichkeit Gebrauch machen, im Rahmen der Sozialhilfe einen Antrag auf Darlehen wegen einer vorübergehenden Notlage zu stellen.* ■

Sollten Sie aufgrund von Krankheit oder Behinderung die Durchführung einer Rehabilitationsmaßnahme wünschen, so empfiehlt es sich, diesen Antrag durch persönliche Vorsprache direkt bei Ihrer Krankenkasse zu stellen. Gegebenenfalls leitet die Krankenkasse ihn an die zuständige Stelle weiter.

Wenn ein Behördenmitarbeiter Ihren Antrag nicht annehmen will, stellen Sie ihn formlos mit einem einfachen Schreiben, geben Anschreiben und Antrag am besten persönlich ab und lassen sich den Eingang bestätigen.

So wehren Sie sich, wenn Ihr Antrag abgelehnt wird

Erhalten Sie einen Bescheid, mit dem Sie nicht einverstanden sind, so können Sie hiergegen so genannte Rechtsmittel einlegen:

- Gegen einen Bescheid können Sie Widerspruch einlegen.
- Wird dieser Widerspruch abgelehnt, können Sie hiergegen Klage einreichen.

Welche Fristen muss ich beachten?

Widerspruch und Klage müssen innerhalb eines Monats ab Zugang des Bescheids bzw. Widerspruchsbescheids eingelegt werden.

Um die Frist zu wahren, ist es nicht nötig, dass Sie den Widerspruch direkt bei der Behörde einlegen oder die Klage direkt beim zuständigen Gericht einreichen (in Angelegenheiten der Grundsicherung für Arbeitsuchende ist das Sozialgericht zuständig). Es reicht aus, wenn Sie dies bei Ihrer Gemeinde- bzw. Stadtverwaltung tun.

Welche Formvorschriften gibt es?

Die Erhebung des Widerspruchs bzw. der Klage muss nicht schriftlich erfolgen, es genügt auch, wenn Sie bei der zuständigen Behörde, dem Sozialgericht oder in Ihrer Gemeinde- bzw. Stadtverwaltung vorsprechen und unter Vorlage des Bescheids oder Widerspruchsbescheids mündlich zu Protokoll erklären, dass Sie Widerspruch bzw. Klage erheben wollen. Lassen Sie sich jedoch in diesem Fall unbedingt schriftlich bestätigen, dass Sie vorgesprochen und ein entsprechendes Rechtsmittel eingelegt haben.

Selbstverständlich können Sie einen Widerspruch oder eine Klage auch schriftlich erheben. Widerspruch und Klage sind nicht an eine besondere Form gebunden. Sie müssen den Widerspruch und die Klage auch nicht begründen, jedoch ist eine Begründung sinnvoll, damit man weiß, warum Sie mit dem für Sie ungünstigen Bescheid nicht einverstanden sind.

Aus der Klage bzw. dem Widerspruch muss lediglich hervorgehen, dass Sie mit dem Bescheid nicht einverstanden sind und eine Änderung bzw. Aufhebung des Bescheids wünschen.

Sie müssen keine juristischen Ausführungen machen, es genügt vollkommen, wenn Sie mit Ihren eigenen Worten schildern, was Sie wollen.

Nachstehend einige Muster für einen formlosen Antrag, Widerspruch und Klage.

Formloser Antrag auf Grundsicherung für Arbeitsuchende

>   Michael Mustermann
>   Musterstraße
>   12345 Musterstadt
>
> An die
> Agentur für Arbeit
> Musterstadt
>
> **Antrag auf Grundsicherung für Arbeitsuchende**
>
> Hiermit stelle ich Antrag auf Grundsicherung für Arbeitsuchende. Ich bin alleinstehend/in meinem Haushalt wohnen folgende Personen:
>
> (Vorname, Name, Geburtsdatum, Verwandtschaftsverhältnis)
>
> Ich habe derzeit folgendes Einkommen: …
>
> Die in meinem Haushalt lebenden Personen haben kein bzw. folgendes Einkommen: …
>
> Ich/wir verfüge/n über folgendes Vermögen: …

Ich/wir zahle/n folgende Miete und Heizkosten: ...

Entsprechende Belege sind beigefügt bzw. werden nachgereicht.

Datum

Michael Mustermann

Muster für einen Widerspruch

Michael Mustermann
Musterstraße
12345 Musterstadt

An die
Agentur für Arbeit
Musterstadt

Bescheid vom ...

Hiermit lege ich gegen den Bescheid vom ... Widerspruch ein.

Eine Begründung werde ich nachreichen.

Datum

Michael Mustermann

Muster für eine Klage

> Michael Mustermann
> Musterstraße
> 12345 Musterstadt
>
> An das
> Sozialgericht ...
> (Welches Sozialgericht zuständig ist, steht im Widerspruchsbescheid. Sie können die Klage bei Ihrer Stadt- bzw. Gemeindeverwaltung abgeben.)
>
> **Betrifft: Widerspruchsbescheid vom ...**
>
> Hiermit erhebe ich gegen den Widerspruchsbescheid der Bundesagentur für Arbeit, Aktenzeichen: ... vom ... (Datum des Widerspruchsbescheids)
>
> **Klage.**
>
> Eine Begründung werde ich nachreichen. Eine Kopie des Widerspruchsbescheids habe ich beigefügt.
>
> Datum
>
> Michael Mustermann

Brauchen Sie einen Anwalt? Was kostet das Verfahren?

Um einen Widerspruch einzulegen oder eine Klage zu erheben, brauchen Sie keinen Rechtsanwalt. Derzeit werden sowohl für das Widerspruchs- als auch für das Klageverfahren keine Kosten erhoben.

Beauftragen Sie einen Rechtsanwalt, so betragen die Kosten für das Widerspruchsverfahren ca. 300–400 Euro und die Kosten für das Gerichtsverfahren ca. 500–700 Euro. Verfügen Sie nicht über ausreichendes Einkommen oder Vermögen, so können Sie für das Widerspruchsverfahren über das für Ihren Wohnort zuständige Amtsgericht Beratungshilfe erhalten. Wollen Sie sich vor dem Sozialgericht von einem Anwalt vertreten lassen, so können Sie, wenn Sie nicht über genügend Einkommen und Vermögen verfügen und die Klage hinreichende Aussicht auf Erfolg hat, Prozesskostenhilfe erhalten. Haben Sie eine Rechtsschutzversicherung abgeschlossen, übernimmt diese in der Regel die Kosten für das Gerichtsverfahren einschließlich Anwalt. Für die anwaltliche Beratung im Zusammenhang mit dem Antrag auf Arbeitslosengeld II und für das Widerspruchsverfahren zahlt die Rechtsschutzversicherung nichts. Am besten stellen Sie sofort, wenn Sie einen für Sie ungünstigen Widerspruchsbescheid erhalten haben, einen Antrag bei Ihrer Rechtsschutzversicherung auf Kostendeckung für das gerichtliche Verfahren.

Stichwortverzeichnis

Ablehnung des Antrags 119
Abzüge vom Einkommen 57
Altersvorsorge 60, 70
Angemessene Wohnfläche 73
Antrag auf Arbeitslosengeld II 36, 83
Arbeitsangebot 92
Arbeitslosengeld II 9
Arbeitslosenhilfe 8, 37
Arbeitsunfähigkeit 93

Bedarf 10, 39
Bedarfsgemeinschaft 85
Bedürftigkeit *siehe* Hilfebedürftigkeit
Behinderte 43, 74

Eheähnliche Lebensgemeinschaft 89
Eigentumswohnung 69
Ein-Euro-Jobs 29
Eingliederungsvereinbarung 25
Einkommen 44, 104
Erwerbsfähigkeit 12, 91
Erwerbsunfähigkeit 93

Fallmanager 20
Familienstand 88
Formloser Antrag auf Grundsicherung
    Muster 121

Freibeträge 62
Freibeträge bei Vermögen 67

Geldleistungen 21
Geschütztes Vermögen 68
Grundsicherung für Arbeitsuchende 8

Hausgrundstück 69
Haushaltsgemeinschaft 86, 95
Hausrat 70
Hilfebedürftigkeit 13

Immobilien 71, 74

Kinder 43
Kindergeld 116
Kinderzuschlag 49
Klage 119
    Muster 123
Kontoinhaber 88
Kraftfahrzeug 70
Krankengeld 116
Krankenkasse 94

Lebensversicherung 74
Leistungen nach dem SGB II 19
Leistungskürzung 32

Mehrbedarf 42, 101

Mietkosten 102

Nebenkosten 102

Pflichtbeiträge 57
Pflichten des
    Arbeitsuchenden 24

Rechtsanwalt 124
Regelsatz 40
Rente 116
Rentenversicherung 95

Sanktionen 32
Schwangerschaft 41
Sozialgeld 17
Sozialhilfe 37
Stationäre Einrichtung 93
Steuern 57

Unterhaltsverpflichtung 48

Unwirtschaftlichkeit 76

Verkehrswert 77
Vermögen 66, 106
Vermögen über dem
    Freibetrag 107
Versicherungen 58

Werbungskosten 60
Werdende Mütter 42
Widerspruch
    Muster 122
Widerspruch gegen
    Ablehnung 119
Wohngeld 49
Wohnverhältnisse 102

Zumutbare Arbeit 27
Zurückerstattung von
    Zahlungen 81

Für Ihre Notizen

Setzen Sie auf Kompetenz

Bücher, Loseblattwerke, Profi-Software

Katalog anfordern unter:
Telefon 0761/89 88 444
oder Fax 0761/89 88 555
oder unter bestellen@haufe.de

www.haufe.de

Haufe Akademie

Seminare, Schulungen, Tagungen und Kongresse, Qualification Line, Management-Beratung & Inhouse-Training für alle Unternehmensbereiche. Über 180 Themen!

Katalog unter: Telefon 0761/47 08-811

www.haufe-akademie.de

Tausende Dokumente zum Download

Aktuelle und rechtssichere Qualitätsdokumente, Applikationen und Service-Angebote zum einfachen Herunterladen aus dem Internet.

Dokumente unter: www.redmark.de

redmark
ready for business.

Haufe Mediengruppe

Haufe Mediengruppe Hindenburgstraße 64 79102 Freiburg